嘉定区助残社会工作
优秀案例精选

上海市嘉定区残疾人联合会　编

主持编写　傅　俊
组织编写　时　洁
执行编写　王瑞鸿

華東理工大學出版社
EAST CHINA UNIVERSITY OF SCIENCE AND TECHNOLOGY PRESS
·上海·

图书在版编目(CIP)数据

嘉定区助残社会工作优秀案例精选 / 上海市嘉定区残疾人联合会编. —上海：华东理工大学出版社，2018.9

ISBN 978-7-5628-5565-1

Ⅰ.①嘉… Ⅱ.①上… Ⅲ.①残疾人—社会服务—案例—嘉定区 Ⅳ.①D669.69

中国版本图书馆 CIP 数据核字(2018)第 266663 号

策划编辑 / 刘 军
责任编辑 / 刘 军 孟媛利
装帧设计 / 戚亮轩
出版发行 / 华东理工大学出版社有限公司
地址：上海市梅陇路 130 号，200237
电话：021-64250306
网址：www.ecustpress.cn
邮箱：zongbianban@ecustpress.cn
印 刷 / 江苏凤凰数码印务有限公司
开 本 / 710 mm×1000 mm 1/16
印 张 / 14.5
字 数 / 199 千字
版 次 / 2018 年 9 月第 1 版
印 次 / 2018 年 9 月第 1 次
定 价 / 76.00 元

前　言

社会工作是人类文明发展到一定阶段的时代产品，也是彰显社会温暖的重要载体。助人自助和促进美好的兼顾、任务目标和过程目标的融合，是其有别于其他行业、职业和专业的关键标志。

助残社会工作以残障人士及其相关主体为工作对象，是社会工作的有机组成部分。顾名思义，助残社会工作首先体现了人群导向；其次，助残社会工作也是议题导向，表现为针对残障人士的问题和需求所采取的专门服务；最后，它还可以是技术导向，呈现出针对特定人群或场域的相应策略。

本书是在上海市嘉定区残联推动实践的基础上由实务工作者完成的集体作品，体现了社会工作实务的多个维度。从方法的角度来看，本书的案例和项目涉及个案社会工作、小组社会工作和社区社会工作，前两者属于临床服务，后者属于宏观实务；从对象的层面来看，这些案例项目涉及肢体残疾人士、精神障碍患者（以下简称“精障患者”）、聋人子女、助残志愿者、照顾者等多类人员；从议题方面来看，这些案例项目既有针对残障人士的生活自理、维权、就业创业、自尊自信、社区融入等内容，又涉及照顾者成长、志愿者增能等内容。这些都是该区残联近年注重民生服务和推进社会工作的真实写照，因此，对其行政团队和实务同行的专业劳动，我们表示由衷的敬意。

本书较好地呈现了实务总结报告的板块结构。实务总结报告一般包括基本背景、需求评估、工作目标、理论模式、服务内容、成效评估、附件和参考文献等部分。本书篇章较好地体现了前述应有结构，此外，还增加了社工感悟和督导点评。因此，该总结不仅结构规范，还可启迪读者，从而利于其自我增能。

本书出版有其积极价值。其一，弥补了面向残障人士的社会工作实务探究的缺失。尽管助残社会工作是社会工作的组成部分，但是国内学术界和实务界针对此领域的研究专著、学术论文和经验探索均不多。本书的出版可稍稍弥补此领域的不足。其二，对助残社会工作实践的若干方面进行专门探究，其实务内容、社工感悟和督导点评可给予实践服务人员、党政部门工作人员及其他相关人员以不少启示，从而有其理论价值和实践意义。

总体而言，本书展示了嘉定区的残联工作团队和社会工作者的积极探索和专业思考。其出版对上海市嘉定区助残社会工作的“精专”，对其他领域社会工作的更好拓展，对当代中国社会建设的不断推进，都有其积极意义。

本书是成果总结，也是多元启示，值得社会工作实务界、党政部门及关注社会工作的其他人士参考借鉴。

2018年2月8日

（复旦大学社会发展与公共政策学院教授、博导）

目录

个 案 篇

小 组 篇

社　区　篇

项　目　篇

个案篇

项目名称：心园——爱的港湾

承接机构：上海新途社区健康促进社

向日葵的绽放

——叙事治疗助精障患者重拾自信

一、案例背景

2013年5月1日，《中华人民共和国精神卫生法》正式出台。新法案的颁布和实施，体现出社会对精神障碍患者的人文关怀，显示出我国对公民精神健康问题的关注，有利于促进和改善公民的精神健康。

目前，精神疾病和精神障碍已经影响到了人们的健康生活。世界卫生组织的最新数据显示，全球每四人中就有一人需要精神治疗。中国疾病预防控制中心精神卫生中心在2010年初公布的数据显示，我国各类精神疾病患者人数在1亿以上。另有研究数据显示，我国较重精神疾病患者人数已超过1 800万。按照国际上衡量健康状况的伤残调整生命指标评价各类疾病的总负担，目前精神疾病在我国疾病总负担的排名中居首位，已超过了心脑血管、呼吸系统及恶性肿瘤等疾患。各类精神问题约占疾病总负担的20%，即占全部疾病和外伤所致残疾及劳动力丧失的20%，预计到2020年，这一比率将升至25%。同时，当人们被确诊患有精神疾病后，其心理及生活状况也会随之发生改变。首先，患者自身或其家属会因疾病产生病耻感；其次，患者或其家属在人际交往过程中可能会受到他人的歧视；最后，由于药物或其他不可抗拒的原因，会造成患者社会功能的逐渐缺失。长此以往，将促使精神疾病患者无法享受与常人相同的生活，成为社会的边缘人群或弱势群体。据官方统计，约有614万人正面临因精神障碍带来的困难和阻碍。而在现实社会中，这一人群可能达到数千万。

2017年4月份开始，上海市嘉定区残疾人联合会委托上海新途社区健康促进社开展“心园——爱的港湾”项目。项目计划针对嘉定区精神障碍患者开展社区康复服务，其中，项目组深入家庭，关注重点家庭的居家康复情况。

经新成路街道精防（精神病防治康复，简称“精防”）医生推荐，本案例中的案主小微（化名）成为我们的重点服务对象之一。精防医生徐大夫表示，小微病情恢复较好，能够独自承担家务并照顾家人，但是性格内向，与外界缺乏交流。因此希望我们介入发现案主存在的问题并进行个案干预。

二、需求分析

通过活动现场的观察和案主的描述，笔者发现案主呈现如下问题：

1. 参加活动时保持沉默，一直低头，不说不笑，当社工邀请时才会开口；

2. 与人对话时不敢看对方的眼睛；

3. 除了参加俱乐部外没有其他社交活动，拒绝以前好朋友的邀请；

4. 当她判断一个陌生人以后有可能会与她经常联系时，比如孩子的老师，会不敢与对方说话；

5. 沟通时使用“嗯”“哦”“行”等单字居多，几乎不发表感受和意见。

根据案主的具体问题，笔者分析导致这些问题的最主要原因是案主因患有精神疾病而自卑。据案主描述，案主生病后一家三口就搬到了现在的这个小区，周围邻居没有人知道自己的病情，自己一般也不出门，怕被别人看出来。生病前有很多好朋友，有些朋友也听说过自己的情况，她们也会邀请自己出去玩，可是案主担心她们会有异样的眼光，因此拒绝了邀请。案主有一个关系特别好的朋友，是儿子同学的妈妈，案主认为她是不知道自己生病才和自己交朋友的。案主能和有一面之缘的陌生人交流，但是如果她了解到今天第一次见面的人以后也可能会经常碰到，便不敢开口说话，怕对方“见多识广，见过我们这种人”，怕对方看出自己患病的事实。

根据案主的问题和原因分析，可初步判断案主的需求是提高自我价值感，恢复自信心，进而帮助其进行正常的社会交往。

三、理论模式

叙事治疗是由澳大利亚的麦克怀特(Michael White)与新西兰的大卫·爱普斯顿(David Epstein)在1980年提出的。该方法最先应用于家庭治疗，后来广泛应用于心理治疗和社会工作领域。叙事治疗模式以日常对话为基础，从多向价值视角出发，重新审视社会工作辅导过程以及由此带来的在辅导关系和辅导技巧上的一些变化[①]。它以后现代主义的社会建构观为理论基础，认为存在于人与人之间的人格、态度、情绪等心理现象都是社会建构的结果和文化历史的产物。一切知识既不是由个体建构获得，也不是由发现所获，而是由社会建构而来的。所谓真理，不过是由部分人带着偏见和自己的动机发展而来的[②]。简而言之，人们之所以出现问题，是因为其建构的叙事与社会的主流叙事不一致，从而受到主流叙事的压制。因此，叙事疗法通过“问题外化”，将人与问题分开，通过积极的自我叙事，来反抗主流叙事，以带给案主积极的自我体验。

叙事治疗模式的理念与本案例中案主因精神障碍导致的自卑问题相一致。本案例中的案主小微，由于精神疾病的长期折磨，且她深知社会大众对精神障碍患者讳莫如深，故一直隐藏自己得病的事实，久而久之，她除了家人之外再无朋友，也再无交流。小微的问题，正是来源于社会对精神疾病的

---

① 王思斌：《社会工作概论》，高等教育出版社2006年版，第112页。

② 陈志霞：《个案社会工作》，华中科技大学出版社2006年版，第350页。

偏见和歧视。笔者采用叙事治疗介入本案例，也是叙事治疗在精神障碍患者社会融入中的一个尝试。

在本案例中，案主在精神疾病的长期折磨和服药造成的不良躯体反应下，对自己融入社会逐渐丧失信心，一直默默地照顾着一家三口的生活起居。除了去超市购物和参加我们的俱乐部活动之外，绝不外出，也不断拒绝朋友的邀请。但是，案主一直默默地培养儿子，不给儿子压力，教会儿子心态平和，不计较成败得失，儿子的表现得到很多家长的喜爱。笔者以此着手，不断挖掘案主更多的意义事件，建构出案主期望的富有意义的支线故事。

四、服务目标

（一）总目标

本案例中，案主迫切需要解决的问题是自己的自卑。因此笔者与案主商讨后，将本次服务的总目标拟定为：帮助案主不断提高自我效能感和自我价值；协助案主认识自己、接纳自己和欣赏自己；建立健康的自我形象和适当的生活方式，重拾自信。

（二）具体目标

1. 每周至少接送孩子1次，并主动与熟人，如老师和其他家长打招呼。

2. 服务期间至少主动与其他家长探讨教育经验3次，不再简单回答“嗯”“是”等，而是主动说出自己的看法。

3. 接受朋友的邀请，服务期间至少和朋友外出2次。

4. 服务期间至少主动到好朋友的家里探访1次。

五、服务计划

时　间	主　题	内　容	目　标
2017年7月3日	接案与建立专业关系	与案主建立专业关系，初步收集案主资料，评估案主求助意愿	1. 建立专业关系； 2. 收集基本资料

续 表

时 间	主 题	内 容	目 标
2017 年 7 月 17 日	预估问题、讨论服务计划	进一步收集资料、确定服务对象的问题，与案主一起确定最迫切的问题，制订服务目标和计划	1. 确定案主问题； 2. 确定服务目标和服务计划
2017 年 7 月 31 日	介入：问题外化	采用叙事治疗，帮助服务对象重新认识问题	1. 使案主分开看待自己和问题； 2. 评估服务成效
2017 年 8 月 15 日	介入：发现独特结果	通过不断问话，引导案主发现自己的闪光点，挖掘意义事件	1. 挖掘案主闪光点； 2. 评估服务成效，调整服务计划
2017 年 9 月 6 日	介入：故事重构	利用意义事件重新编写案主的新故事	1. 重写积极故事； 2. 评估服务成效
2017 年 10 月 10 日	结案与处理离别情绪	回顾服务过程、总结案主改变、评估服务成效	1. 处理离别情绪； 2. 巩固案主已有的改变

六、服务内容

（一）个案基本情况

小微，女，目前居住在新城路街道，户籍在马陆镇。小微今年 35 岁，2008 年患病，被诊断为精神分裂症，病史 9 年。目前与老公、儿子一起居住，老公在企业上班，儿子读初二。家庭主要收入来源是老公的工资与自己的残疾补贴，主要经济支出是案主的医药费和儿子的读书费用。小微身体状况较好，精神状况稳定，自我体验逐渐变好，每月独自复诊，每天服药 2 次。能够承担一定家务，参与家庭生活，并负责照顾一家三口的日常起居。病情稳定，准时出席俱乐部活动。

据小微自诉，前几年因服药的缘故，自己经常目光呆滞、反应迟钝，在讲话时流口水，能够自我察觉却不能自我控制。服药 8 年后自行停药，希望恢复健康，但却导致病情发作住院，恢复吃药后病情好转，慢慢地开始恢复神采，讲话时也不再流口水，像正常人一样。小微的老公也曾表示，现在的她和前几年不一样了。但是小微却依然常常自卑，表现在不敢和人讲话、非要讲话时不敢看着对方眼睛、不敢接送孩子怕碰到熟人等。小微说，她是担心别人见过精神病人，担心别人一看到她就认出她是精神病人，会背后说她。笔者服务前见到小微时，她不笑不说，特别内向，一个人躲在角落里。小微说，也有朋友说她看起来太冷漠了，让人不敢接近，但是她其实不是个冷漠的人。

小微认为精神疾病改变了她的性格。生病前的小微雷厉风行、脾气火爆，病后反而心态平和了、脾气变好了，还经常教育儿子尽力而为，不要关心成败。她说因为自己得了这个病，知道压力太大了心理反而容易出问题，所以对待孩子和家人就格外宽容。小微的儿子谦和懂事，很多家长都曾向她讨教教育孩子的方法，但是碍于重重顾虑，小微不敢讲出自己的经验。

（二）社工服务过程

结合案主的背景资料，本案例将叙事治疗的具体过程分为四步：倾听案主叙事、问题外化、解构、重写。叙事治疗的过程，实际上是解构消极的叙事、改变消极的自我认同，重写积极的叙事、形成积极的自我认同的过程。下面笔者结合服务计划对个案服务过程和具体内容进行详细介绍。

1. 第一次服务：接案

本次服务的主要目标是与案主初步接触，收集案主资料，初步预估问题，并建立专业关系。

笔者开展的第一次个案服务是在 2017 年 7 月 3 日。当时经过精防医生的前期了解以及俱乐部活动时的观察，笔者对案主及其家庭情况有了一个大概的印象。据笔者观察，案主特别沉默，参加活动时缩在角落里，一直低着头，不说话也不笑，当笔者注视她时，她会慌忙地把视线移开。笔者曾猜测她是不乐意来参加活动，或者是对活动内容不感兴趣。

在接案时，笔者首先向小微表明自己社工的身份，然后向小微介绍了目前项目的内容以及笔者为什么找到小微。接着，笔者询问小微对接受个案服务的意愿，小微点头表示同意。在小微成为案主之后，笔者开始了解小微的基本信息，希望了解到可以开展服务的切入点。但是不待笔者细问，小微主动表明“我现在就是比较自卑”，让笔者很是震惊。

从小微的叙述中，笔者看到小微求助的坚决意愿，可见“自卑”已经困扰小微很久，她现在能主动地表达出来，的确需要很大的勇气。笔者首先赞扬了她的勇气，然后听小微详细地叙述了自卑的具体表现。在倾听和对话中，笔者与小微建立了稳定的专业关系，这也对之后服务的顺利开展提供了便利。

2. 第二次服务：预估问题与确定服务计划

在第一次会谈结束的两周后，笔者对小微开展了第二次个案服务。本次服务的主要内容是进一步收集资料，对小微的问题进行预估，一起确定要解决的问题，同时制订服务目标和服务计划。

小微表示，现在自己最大的困扰就是太自卑。前几年，自己一直待在家里相夫教子，想着把儿子教育好就行了，也不用出去见人。现在儿子越来越大，她希望儿子读寄宿高中后自己能够外出打工，所以不敢见人、不敢说话是她首先要解决的问题。同时，她表示自己和儿子关系很好，不希望儿子知道自己懦弱的一面，希望趁着儿子还不懂事，成为一个值得儿子骄傲的母亲。

笔者对小微的想法表示理解，发现小微改变的信心很强烈，还深入了解到小微的丈夫对她很好，也经常夸奖她。平时也会有朋友邀请出门，但是小微通通拒绝了。在谈到儿子时，小微第一次露出了笑脸，她说儿子特别懂事，放学回家后会和自己讨论学校里发生的事情，其他家长都很羡慕。

笔者发现这是小微不曾深入细想的，认为这点可以作为案主改变的契机。其间小微提到和儿子有关的一件事：

那时我儿子还小，才上三年级，有一次他的一个同学和他一起回来，到我家玩。他同学一来就指着我说：“你妈妈有病！”儿子特别生气，追着他到他家里，气势汹汹地对他妈妈说：“你儿子说我妈妈有病。”他妈妈马上狠狠地打了那个男孩，并且说：“以后我要是再听到你说这话，我就打死你。”

小微讲起这件事很开心，她说从此以后，那个妈妈就成了自己唯一的好朋友，因为她不歧视自己（之后的会谈中小微表示，那个妈妈和自己成为朋友是因为她不知道自己“有病”）。而且儿子对自己的维护也让她特别开心。

笔者认为可以通过叙事治疗开展服务，在向小微解释了叙事治疗的基本理念后，小微很感兴趣，表示同意，也很期待。

与小微一起商定的最终目标是克服自卑、重拾信心。经过与小微的详细会谈，笔者得知，小微目前自卑的具体表现是不敢接送孩子、有家长和自己交流自己却不敢回应，只能说“嗯”“是”，给人一种冷漠的感觉。在外面碰到有人和自己说话时，不敢看对方的眼睛等。于是，笔者和小微一起把服务的具体目标定为如下几个。

(1) 每周至少接送孩子 1 次，并主动与熟人打招呼。

(2) 服务期间至少主动与其他家长探讨教育经验 3 次，且主动说出自己的看法。

(3) 服务期间至少和朋友外出 2 次。

(4) 主动到好朋友的家里探访 1 次。

根据服务的进程和小微的表现，目标和计划会进行调整。在结束本次会谈之前，笔者向小微布置了一个家庭作业，要求小微在接下来的两周内能够做到具体目标的第一个。

3. 第三次服务：问题外化

第三次会谈在 7 月 31 日。一开始，笔者首先检查小微家庭作业的完成情况，小微表示已经完成了 2 次接送孩子的任务，并向笔者详细讲述了过程。笔者感觉到，这个家庭作业似乎没有明显的效果，因为小微表现得并不积极。经过和小微探讨，笔者了解到小微以前也常接送孩子，对这件事已经习惯了。笔者询问小微，在路上及学校门口是否碰到了熟人，如孩子的老师或者同学的家长。小微说没有，把孩子送到地方自己就走了。在笔者的追问下，小微才说，她在送孩子的过程中一直低着头，就算有熟人她也看不到或者装作没看到，那样就不用打招呼了。

家庭作业已经失去意义了，看得出来，小微最需要改变的不是别人的看法，而是自己内心的障碍。因此，本次服务笔者开始采用叙事治疗，首先通过问题外化，尝试帮助小微将“精神障碍”和自己分开。“问题是问题，人是人”，这是叙事治疗的重要理念。“问题形成过程就是来访者将问题内化为自己的一部分，并产生消极自我认同的过程。”因此，问题的外化便是翻转这个过程，使案主看到自己和问题是分开的。问题外化的重要技巧便是给问题命名，将问题与人分开。

问题外化一般通过“特殊问句”来体现，笔者询问小微，“精神疾病是什么时候来到你的生活中的?”小微表示也不知道怎么回事，刚生完孩子，就突然得了这个病，想治也治不好，到 2016 年时已经吃药 8 年了，当时想试着停药结果又犯病了。可以看出，小微对精神疾病充满不理解和烦恼。笔者询问小微：“现在，我想请你给精神疾病起一个名字，接下来我们的讨论，将一直用这个名字来代替它。”小微想了想，取名为“奇怪的东西”。

笔者开始用“奇怪的东西”来代替精神疾病，请小微讲述“奇怪的东西”来到她身边的过程，给她带来的问题和苦恼；如果没有“奇怪的东西”，她的生活将会是什么样子的。小微刚开始的讲述还不习惯，但是，小微逐渐将“奇怪的东西”视为一个人，一个跟在自己身边的人。

通过小微的讲述，笔者帮助小微将自己和“精神疾病”分离，客观认识自我。笔者扮演一个对小微的故事一无所知的同辈人，不对她的故事进行评价，却充满了好奇。[①] 倾听不意味着放弃回应，在叙述模糊的地方，笔者不断通过“解构式问话”等要求小微重述，这可能恰巧是问题的症结所在。这样做的意义，是希望案主认识到自己是一个独特的个体，和问题是分离的，“问题是问题，人是人，人不等同于问题”[②]，当案主理解并接受了这个理念，便会生出抵抗问题、重建生活的信心。

---

① 何雪松：“叙事治疗：社会工作实践的新范式”，载《华东理工大学学报(社会科学版)》2006 年第 3 期。
② 魏源：“解构并重述生命的故事——叙事疗法述评”，载《台州学院学报》2004 年第 4 期。

4. 第四次服务：寻找闪光点，解构旧故事

问题外化之后，这一阶段的主要任务是解构案主的主流故事。案主有一个长期生活在其中并受其影响的主线故事，主线故事有积极的，也有消极的。当主线故事消极的时候，案主便会形成消极的自我认同。社工对案主的解构，便是从案主的主线故事中发现被案主忽视的、隐藏的积极事件。

笔者首先询问小微这两周以来的经历。小微告诉笔者，这两周里她接送孩子时抬头挺胸，不再躲避，而且还主动和孩子的老师讨论。前几天，一位朋友再次邀请她时，她同意了，明天就要去赴约。笔者为小微的变化感到高兴，更重要的是，这些变化提高了小微的自我效能感，使她意识到自己拥有力量。

通过小微的讲述，帮助她不断地发现这些闪光点，帮助小微串联起一个全新的支线故事，这是富有意义的事件。在这些容易被忽视的支线故事里，我们可以帮助小微认识自己积极的一面；通过提问和对话，丰富、提升这些充满力量的生命故事，让小微在故事里得到比较充分的自我认同，让小微走出“精神病”和“神经病”的自我污名和自暴自弃的阴影。关怀大于治疗，笔者始终谨记应将决策权还给小微，让她在感受到关怀的同时悦纳自己。同时，笔者不断地与小微谈论丈夫和孩子，进行沟通，为她提供更多的人文关怀。

5. 第五次服务：改写故事，重塑生活

经过问题外化—解构之后，笔者能够看到小微的积极变化，这次笔者继续带领小微进行意义事件的进一步挖掘，进行“重写”。重写也称作“重构”，其目的是协助案主形成积极的自我认同，并能够在新的自我认同的引导下选择积极的故事作为自己的生命故事，形成良性循环。在解构中，社工已经通过寻找特殊意义事件和重新解释，尝试让案主看到了光明的、积极的叙事方式。接下来，社工不断让小微讲述故事，在小微的生命历程中，有众多故事，除了让她印象深刻的充满问题的主线故事，还有被案主忽视的可能蕴藏着积极因素的支线故事。通过案主的讲述，社工协助案主不断挖掘并建造形成新的生命故事。这是一个由薄到厚的过程，社工从案主的支线故事中

不断挖掘特殊意义事件，将这些积极意义的事件串联起来，形成新的主线故事，使得这些故事能帮助案主建立积极的自我认同。

这一次，笔者邀请小微为自己重构一个新的角色，这个角色是积极乐观、勇敢自信、勤劳美好的妻子和母亲形象。小微是自己新故事的主角，笔者只是扮演一个协助者，陪伴小微创造新的故事。为巩固成效，笔者找到阳光心园的赵老师作为小微变化的见证人。笔者询问小微，"你的家人中，谁对你的这些改变最骄傲""你这一路走得很艰难，有谁知道你的苦楚吗"，小微想到了老公和儿子。这些人都可以作为小微改变的见证人。通过见证人，让自己得到更多的力量。

故事重写之后，我们的服务就要结束了，笔者提醒小微，服务还剩下最后一次，为了让小微适应新的角色和生活，最后一次服务定在一个月后。

6. 第六次服务：结案

2017 年 10 月，笔者与小微进行了最后一次个案会谈。在这次会谈中，笔者与小微一起对照服务计划，确定服务的基本目标已经达成。笔者与小微一起回顾了几次服务的过程，带领小微看到自己的进步，使她相信自己有克服困难的能力。同时，本次会谈还邀请小微的成长见证人——阳光心园的赵老师一起参加，请赵老师分享了她见证的小微的成长，鼓励小微继续坚持。即使笔者不能一直陪同，她一个人也是可以朝积极方向发展的。笔者访问小微对这次服务的感受，对本次服务进行最终评估，同时接受案主的离别情绪。最后，笔者不会完全离开小微，在接下来的时间里，笔者会与小微保持微信和电话联系，也会利用每月一次的俱乐部活动进行跟进。

七、成效评估

本部分将从服务对象的改变、满意度评估的结果、社工方法的有效性等几个方面来进行。

服务对象的改变。案主的改变体现在神情、行为和心态上。神情上，笔者在俱乐部活动中初次见到小微时，她面色暗沉，脸色凝重，几乎没有笑容；

在接下来的服务中，小微的笑容越来越多，脸色也越发红润了。行为上，笔者初次见到小微时，她不说、不笑、不动，笔者问到才会开口，活动结束后独自一人默不作声地离开，平常除了家人没有朋友，也不参与其他活动；在后来的服务中，小微变得健谈了，能够主动与笔者交流近期的行为和感受，结案时服务目标全部达成，这些都说明小微在行为上的改变。心态上的表现无法直接观察，却最能体现。小微患病后逐渐感到自卑，面对陌生人时多是退缩状态，随着服务的开展，小微顺利地完成服务目标，这些最能说明小微的改变。

在10月份结案之前，小微参加了我们俱乐部的活动，当时有一个歌唱环节，小微主动走上舞台，拿起麦克风唱歌。笔者当时非常震惊，这是一个笔者从未见过的大放异彩的小微。在结案时笔者提起这件事，小微只是害羞地说“谢谢”。由此可见，任何一个人的潜能都有可能被激发，过早地贴上标签只会阻碍服务对象的进一步发展。

满意度评估的结果。在服务的过程中，笔者每次服务结束都会进行评估，有时以满意度问卷的形式进行，有时是现场口头访问服务对象的感受。从问卷结果和现场反馈记录来看，服务对象对本次的个案服务整体上非常满意。前期，案主为有人陪同聊天，可以说说心里话而高兴；到了服务后期，案主已经感受到自己心态的变化，服务目标基本达成，案主的自我价值感显著提高。

社工方法的有效性。从案主的表现来看，叙事治疗方法效果显著，即使笔者的理论知识还不够扎实，实务经验不足，在实际操作上难免照本宣科。在接案预估阶段，笔者也曾考虑采用理性情绪疗法，纠正案主的不合理信念和对陌生人的猜测；也曾考虑采用行为主义的系统脱敏疗法，循序渐进地帮助案主消除其恐惧和焦虑状态。但是，这两种疗法都把服务对象看成“病人”，社工成了治病的专家。笔者多年来的受教经验，更偏向于把服务对象看成一个具有自身价值和能量的独特个体，相信案主具有改变的潜能。因此，笔者选择后现代主义的叙事治疗模式。实践证明，该模式在处理精神疾病患者的问题时是有效的。

八、社工感悟

本次服务从 2017 年 7 月 3 日到 2017 年 10 月 10 日，共持续了 3 个多月，展开了 6 次服务。这是笔者第一次在没有督导的陪同下开展的个案，也是第一次尝试对精障患者使用叙事治疗，这次服务对笔者来说也非常特殊。下面，笔者将围绕感受和经验来进行回顾总结。

1. 这是笔者与小微的共同修行

自从接到小微的个案，笔者便有很多顾虑：我没有做过精障的个案！我的专业知识够吗？我能处理突发状况吗？这些问题萦绕在笔者心头，使笔者不免忐忑。因为担心自身能力不足，在服务开展前，笔者不断翻阅之前做过的个案记录，抓紧时间复习专业知识，通过文献、网站、现场观察和访问了解精障患者的生存境遇……

初次使用叙事治疗，笔者也无法预料服务成效。每一次会谈，笔者都全身心地投入小微的故事里，为她的每一个闪光点而开心；得知小微一次次达到目标、挑战自己时，笔者和她一样雀跃。因为渴望进步，才会想要努力，这一次，是小微和笔者的共同修行、共同成长。

2. 笔者的体会

对于小微逐渐表现出的神采奕奕，笔者发自内心地感到开心和骄傲。在这次服务中，笔者对以下三点有了更深的体会。

第一，社工扮演的角色。以往服务中，笔者多是扮演教导者的角色，这和本案例中采取的服务模式是相冲突的。在本案例中，笔者一直在做自我调整，更多的是扮演倾听者、陪伴者，而非教导者。这也是叙事治疗模式的要求：在整个干预过程中，社工不以专家的身份出现，而可能是案主故事的听众、新的故事的协商者或者新的故事的共同建构者，在整个过程中，案主本人才是自己生活的主人、自己故事的讲述者和编写者。[①] 而服务结果也表

① 何雪松：《社会工作理论》，上海人民出版社 2007 年版，第 183 页。

明，带着同理心倾听、带着共情回应更能走近服务对象。

第二，坚持“不知道立场”。这本是叙事治疗模式对治疗师的要求，笔者认为在任何个案时都可以使用。在开展服务时，尤其是有经验的社工，非常容易拿以前的经历来对现在的服务对象对号入座。这对服务对象是不公平的，虽然节省了社工的精力，却对服务对象贴上了标签，把他们划分到某一个类别里，忽视了服务对象的独特性。因此，在每一次面对新的服务对象时，放空大脑，带着好奇的心态是非常重要的。

第三，与服务对象的交流。在开展个案时，沟通是非常重要的技巧，但是在服务中，有时候为了追求服务进度，会迫不及待地提出建议，从而忽略了对案主感情的接纳和理解。因此，保持与服务对象的交流，是个案工作的重中之重。

督导点评

与其他助残服务案例不一样，这篇案例非常值得我们关注的是服务模式和理论的改变，社工采用了非常新颖、充满后现代主义特征的叙事治疗理论。实践证明，这个选择是非常正确的。

本案例中，社工针对案主问题，结合叙事理论，采用了外化的方法首先帮助案主区分问题与个人；其次，又采取了解构过去生命、重构未来生命等技巧，来帮助案主摆脱困境，焕发笑容。

有必要提醒大家的是，叙事理论其实非常关注对于环境压迫的反抗，本案例中也提到了社会歧视，这也是应用叙事治疗理论的另一个核心原因。

项目名称：阳光工坊

承接机构：徐行镇残疾人服务社

传承非遗改变人生

——案主小沈的草编疗愈服务

引言

“阳光工坊”是嘉定区残联在2011年4月推出的助残公益服务项目，该项目以社会化运作的模式，通过招投标，由徐行镇残疾人服务社承接。“阳光工坊”旨在通过利用嘉定传统特色黄草编织、嘉定竹刻、南翔小笼等国家非物质文化遗产，鼓励、支持残疾人参与文化遗产的学习和传承，帮助他们掌握技能，实现就业并扶持创业。工坊的成立和实施，既是对嘉定黄草编织、竹刻和南翔小笼这三项非物质文化遗产（以下简称“非遗”）以及现代手工艺术的发扬光大，又是提高残疾人家庭收入，改善残疾人生活的有益探索。

“阳光工坊”坐落在嘉定区国家4A级旅游景区——嘉定镇街道州桥老街，运作过程采用“前店后厂”的模式，分设黄草编织区、竹刻雕刻区和作品展示区。一方面，将制作的作品进行展示与售卖；另一方面，社区居民和景点游客可近距离欣赏工作人员的创作设计和制作流程，了解嘉定的传统文化。

上海市嘉定区徐行镇残疾人服务社成立于2005年6月，是一个从事助残社会工作的社会组织。徐行镇残疾人服务社本着“以人为本、助人自助”的理念，引入社工面向居民个人、家庭或机构，提供助残等专业性社会服务；承接公益性等社会服务项目；接受委托，指导社会服务机构开展专业社会服务。徐行镇残疾人服务社目前有7名成员，其中专职工作人员3名，兼职工作人员4名。目前服务社共承接了嘉定区残联的“阳光工坊”、徐行镇“阳光爱舒”“阳光家园”和嘉定区民政局的“社区融合项目”4个公益助残项目。

一、案主背景

1. 案主基本信息

姓名：小沈（化名）；性别：女；年龄：43岁。

2. 家庭情况

案主的父母身体健康，生活能够自理，有较高的退休工资。案主离异，自己抚养女儿，其工作不稳定，但有生活保障金。

3. 案主基本情况

小沈，1974年出生在嘉定，是土生土长的嘉定人。12岁那年，命运与她开了个“大玩笑”，正值“金钗之年”的她不甚被人从楼梯上推下来，导致颅内大出血，头颅粉碎性骨折，情况非常严重。在父亲的坚持下，主治医生把她推进了手术室，分别在前额、后额开了一刀，取出两块血块。经过几个小时的手术，她被送进重症监护室，整整昏迷了7天，醒来之后的她大小便失禁，也不认识人，父母开始一点点教她认人，做康复治疗……就这样，她在医院住了两个半月。

出院半个月后，由于细菌侵入，她得了脑膜炎，又进了儿童医院，在儿童医院做了3次腰椎手术，又住院将近3个月。这无疑是她人生中最为黑暗的一段时期，原本开朗爱笑、口齿伶俐的小女孩已不复存在，她告别了无忧无虑的童年时光。由于脑部重创留下的后遗症，她的右手右脚依然没有知觉，但她仍凭着自己顽强的毅力完成了初中学业。

21岁时，她做了脑壳修复手术，尽管手术很成功，可她依旧很沮丧，她总觉得自己和别人不一样，觉得别人看自己的眼光充满歧视。在家人的鼓励与支持下，她鼓起勇气踏出家门去求职，但在求职过程中，她屡屡碰壁，只能一直待在家里，没有一份正当的收入，她的父母因此开了自家的店铺让她在店里打理。但好景不长，店铺最后因经营不善不得不结束营业。后来她又尝试去酒店工作，但因自身问题被安排到了客服服务部，做了一段时间后，因高强度的工作量使她原本虚弱的身体负荷更重，甚至多次发生癫痫状况。多次发病并没有得到领导和同事们的照顾，得到的只有嫌弃，她再次被劝退回家。身体的残缺与自信的挫败使她“想死的心都有了”。

二、需求分析

心理需求：生活能够自理的小沈却因手术后遗症而不能使用任何电磁产品且不能疲劳，在经历了多次求职失败后承受着较大心理压力，缺乏自信。因而服务目标可定为帮助其宣泄压力，树立自信。

社会需求：小沈长期生活在社会边缘，缺乏社会关系网，缺乏社区活动参与，缺乏同辈群体的交流与支持。因而服务目标可定为帮助其参加社会活动，重建社会关系网。

三、理论基础

优势视角(Strength Perspective)是一种关注人的内在力量和优势资源的视角，是协助案主从挫折和不幸的逆境中挣脱出来，最终达到其目标、实现其理想的一种思维方式和工作方法。

优势视角超越了社会工作的传统理论模式，其关注点在于案主的优势、潜能和成绩，这一突破在社工领域具有“范式革命”的意义。它首先由美国堪萨斯大学社会福利学院的教授Dennis Saleebey在《优势视角：社会工作实践的新模式》一书中提出。社会工作的优势视角反对将服务对象问题化，认为问题的标签对服务对象“具有蚕食效应，重复的次数多了之后，就改变了案主自己对自己的看法和周围人对他们的看法。长远来看，这些变化融入了个人对他们的自我认同(越来越没有自信心)”。

优势视角的基本信念包括以下几个方面。(1) 赋权(empowerment)。西蒙(Barbara Levy Simon)将赋权的概念建立于五个理念之上：与案主和委托人之间的合作伙伴关系；对扩大案主能力和优势的强调；关注个人或家庭与环境；将案主视为积极的能动主体；将个人的精神指向一直受到剥夺和压制的人群。(2) 成员资格(membership)。(3) 抗逆力(resilience)。(4) 对话与合作(dialogue and cooperation)。

优势视角贯穿于整个生命周期，并贯穿于评估、干预和评价的整个助人过程中。它强调人的能力、价值、利益、信念、资源、任务完成和愿望。

四、服务目标

1. 总目标

掌握草编技能，学习、传承非遗文化，实现就业、提高收入；激发潜能，提高自信，更好地融入社会，扩大社会支持网络，提升社会参与程度。

2. 具体目标

(1) 与服务对象沟通、谈心，疏导宣泄心中的压力。使其感受到社会对她的关心包容与支持改善。

(2) 聘请经验丰富的草编师傅传授其草编技能，提升自身能力，提高自信心，从而改善物质生活。

(3) 开展文体活动，参与社会活动，锻炼社会交往能力，建立社会支持网络。

五、服务计划

1. 前三个月安排每月一次走访服务对象的家庭，了解服务对象在家的生活状态和行为习惯，观察是否带来改变。每周与服务对象交流谈心一次。

倾听服务对象的心声，提供给服务对象抒发与宣泄负面情绪的机会，并通过运用对服务对象的接纳与同理等谈话技巧，引导服务对象了解和发现自身的兴趣与优点。

2. 聘请专业的草编师傅教授其草编工艺，并给予服务对象每月 700 元的学习补贴、每天 18 元的饭贴和作品售卖后的提成；在学习期间，提醒草编师傅注意让服务对象劳逸结合，在指导服务对象技能的同时对服务对象的进步及时给予称赞与鼓励。促进与其他学员间友好交流。

3. 通过开展各类活动增加参与社会活动的机会。参与面向社会展示的学员作品展与义卖活动，让服务对象看到自己的作品被大家购买、认可，鼓励服务对象向顾客介绍自己的作品。与服务对象一起制作她的作品集，通过照片来反映她的进步。

六、介入过程

1. 建立专业关系

在个案实施过程中，工作者首先向服务对象介绍“阳光工坊”助残公益项目的主旨和目的。经过介绍，服务对象对项目有了进一步的了解。经过几次访谈，工作者基本了解了服务对象的生活作息及生活态度，同时也在工作中与她建立了信任关系。

2. 签署培训协议

利用社会资源，带领服务对象参观徐行镇草编陈列室。在参观过程中，进一步加深案主与工作者的关系。在交流中，激发她学习草编的兴趣，与服务对象签署培训协议。

3. 开展各类文体活动

“阳光工坊”定期开展丰富学员精神文化生活、提升学员凝聚力、加强交流认知、检验学员学习成果、树立自信的文体活动。通过这些活动，希望学员在紧张的学习中进一步提升精神文化生活。

七、评估与结案

1. 过程评估

三个具体目标全部完成：(1) 通过与服务对象及其家属交流，了解了服务对象的生活状态和行为习惯，给予服务对象抒发情绪的窗口。(2) 服务对象在学习期间，主动虚心向草编师傅请教，技能进步很快，掌握了多种草编编织法，她也乐于帮助其他学员，是其他学员心目中的“小老师”。通过学习制作获得了收入，也减轻了她的经济压力。(3) 服务对象在各类文体活动中表现积极，在大型展示活动中能自信地进行现场制作展示，与参观者也能进行很好的交流互动。

2. 结果评估

(1) 服务对象自述

原本心情比较抑郁，感觉自己不会再有什么作为了，觉得其他人都会用异样的眼光看自己，当时自己很没自信。但是来到“阳光工坊”以后，能感觉到自己的改变，当草编编织技能不断提升时，觉得自己的自信也在慢慢重塑，在工坊的学习工作让自己也觉得现在的生活充满了色彩，现在不仅心情愉悦了，收入也提高了。连女儿也为“我”感到骄傲，说“我的妈妈是草编匠人”。“我”的父母也不再担心“我”以后的生活，他们认同古话“老天饿不死手艺人”。“阳光工坊”真是一个让人感到温馨、舒适的大家庭，“我”想“我”只要努力工作、积极生活，生活一定会更好的！

(2) 草编师傅评价

刚来的小沈都没见过黄草，但天资聪颖的她，每次只要指导一次她就能学会，是众多学员中技能掌握得比较好的一个，现在的小沈已经能看着图纸自己编织精美的包包了。

八、专业反思

工作者充分认识到每个人都有潜在的优势，并在工作中注意到了这一点，且由此充分挖掘服务对象的潜能，积极鼓励她，调动服务对象处理问题的内在积极性，同时及时给予其帮助。

在本案中，由于服务对象是后天性的肢体残疾，因此智力水平正常，而开始的情绪问题只是手术后遗症带来的生活变化所产生的。通过运用倾听、接纳、同理心等访谈技巧，使服务对象对社工产生信任，敞开心扉与社工交谈。在服务对象来到“阳光工坊”一年左右的时间中，其变化尤其显著。原本缺乏自信的她不爱交流、不愿意参加社会活动，现在服务对象能够充满自信地进行技能展示并能主动与人交谈，甚至能在大型研讨会上进行演讲且不怯场，其改变不可谓不大。

在整个工作过程中，由于社工经验不足，专业工作方法及沟通方式还有待改善，在服务过程中，因社工安排的面谈时间有限，可能导致工作过程不是很完整。

督导点评

本案例采用了优势视角，并且进一步加入了增能理论。案例本身也是一个非常成功的个案。案主本身的改变很大程度上是因为案主的编织能力被发掘出来，草编技能的获取一方面增加了案主心理的自信，另一方面也为案主带来了经济的增收。最令人欣慰的是，案主不仅学会了自助，而且也向他人提供更多帮助，这也促进了案主的正向发展及社会融入。

本案例还有一个很重要的启示：助残服务是社会集体的责任，促进案主转变的还有残联以及政府部门提供的帮助，这也是助残服务持续化的基本保障。

项目名称：阳光艺术团 2

承接机构：上海东方明珠残疾人艺术团

舞 动 人 生

——肢体残疾人士重回人生舞台

一、案例背景

案主的生理情况：案主由于一次骑摩托车的意外摔伤事故，导致双腿残疾，失去行动能力。从一个健全人突然变成了一个行动能力不便的人。轮椅成了他唯一的出行工具。案主的残疾类别为肢体一级残疾，是肢体残疾类别中最严重的程度。背都抬不起来，下身毫无知觉。

案主的社会心理状况：案主本来刚刚中专毕业，专业为计算机。这个专业也是比较好找工作的专业。刚毕业参加实习的这段时间，案主发生了意外。由于案主的疏忽，病情一拖再拖转成了最严重的残疾类别。案主知道现状的时候，无法接受现实，一度封闭自己的内心，拒绝与外人接触，从一个乐观开朗的小伙子变成了寡言少语的“独居少年”。

案主的家庭情况：案主自幼父亲去世，家里只有妈妈、爷爷和案主三位家庭成员。案主的母亲只是普通的环卫工人，并且还患有糖尿病，收入甚微。案主的爷爷也体弱多病，没有经济来源。全家只靠案主母亲的微薄经济收入支撑整个家庭。案主的母亲不仅要承担经济重任，还要照顾身患残疾的案主和体弱多病的公公。身体压力和心理压力也异常大。

二、需求分析

案主已经封闭自我长达三年之久，需要接纳自身残疾的事实，渐渐打开封闭已久的内心，重拾对生活的信心。

案主由于发生意外后并没有及时做康复训练，身体活动能力越来越弱。案主需要康复训练，在提高生活自理能力的同时，提高自身的活动和出行能力。

案主三年间拒绝接触外人，其活动圈子极其狭小，需要拓宽交际圈，提高社会融入能力。

案主家庭的经济压力巨大，案主需要在可能的情况下，学一门稍能谋生的技能，以增加家庭收入。

三、理论模式

1. 增能理论

增能理论(Empowerment)，也称之为“增权理论”，是现代社会工作理论的一个重要概念。自21世纪初引入我国以来，该理论引起了越来越多学者的关注。由于增能理论弥补了社会行动与个体化视角间的简单两极化的缺陷，并将对个人或家庭的工作置于对社会目标的追求过程中，因此经常被用于解释社会弱势群体。[1]范斌将我国弱势群体的增权实践划分为个体、人际关系和社会参与三个层次，同时提出，“根据我国的实际情况，弱势群体的增权模式主要有个体自身的主动增权和外力推动增权两大模式”。由于弱势群体的无权状态使得他们中的绝大多数人不具备主动增权的能力，很难依靠自身的力量实现主动增权。因此在我国，外力推动必不可少，并且在实践中一定要与案主的主动性相结合才能真正实现增权。[2]残疾人群体由于长时间处于社会的边缘状态，单依靠自身能力很难获得改变，社会应该帮助残疾人进行增能，让残疾人获得处理问题和压力的知识、技能和能力，能够自如控制自己的生活、融入社会、真正享有政治和经济参与权。

案主封闭了自己内心长达三年之久，并且很少与外界接触。家境的窘迫进一步加剧了他的自卑，认为自己是家庭的负担。对自身的评价也是负面居多。增能模式利于增强他的自信心，激发他的潜能，帮助其尽快走出内心的灰暗和生活的窘迫。在运用增能模式时，充分运用充权技巧，在协助案主基本生活需求得到满足后增强其改变的动机，并对案主的一步步改变给予肯定和鼓励。

2. 优势视角理论

“优势视角”(Strength Perspective)是一种关注人的内在力量和优势资源的视角。意味着应当把人们及其环境中的优势和资源作为社会工作助人过程中所关注的焦点，而非关注其问题和病理。优势视角基于这样一种信念，即个人所具备的能力及其内部资源允许他们能够有效地应对生活中的挑战。残疾人社会工作的优势模式将残疾者看作有能力的个体，摒弃了传统模式的偏见，为残疾人康复工作提供了一种新的指导理念。[3]优势视角理论在残疾人社会工作中的实践，打破了自我及社会其他成员对残疾人的认识，它着重于帮助残疾人发掘自身优势，协调自身及周边环境的资源，完美地诠释了社会工作“助人自助”的精神。[4]针对案主，运用优势视角的评估可以激发案主的改变动机，鼓励案主进行反思，学习正面看待问题，进一步看到自己的优势，增强信心，并努力提升其解决问题的能力。

四、服务目标

1. 鼓励案主走出家门、打开心扉，参加各类康复训练活动。

2. 以舞蹈为载体，让案主学会一门特长的同时，增强其信心和自我认同感。

3. 引导案主开拓交际圈子，加快其社会融入的进程。

4. 为案主链接尽可能多的资源，让案主增加收入，减轻其家庭负担。

五、服务计划

时 间	主 题	内 容	目 标
2017年2月12日	家访	了解案主基本情况	建立专业关系
2017年2月17日	个案访谈	了解案主基本问题和需求	为案主找寻解决问题的途径
2017年2月24日	个案访谈	了解案主的近况	鼓励案主尝试融入社会
2017年3月2日	引入舞蹈的介入方式	带领案主观看别人的舞蹈排练	给予案主融入社会的另一种途径选择
2017年3月7日	第一次参与排练	案主开始参加舞蹈排练	鼓励案主发展一门自己的兴趣爱好
2017年3月16日	舞蹈排练	案主排练的同时结识更多朋友	鼓励案主坚持自己喜欢的事情,同时也扩大自己的交际圈
2017年3月26日	机构探访	参观案主所在的其他机构的情况	从侧面观察案主的改变
2017年5月19日	舞台演出	观看案主演出	鼓励案主重拾信心以及找回自我

六、服务内容

1. 第一次:家访(2017年2月12日)

(1) 案主情况:由于案主的行动并不方便,社工在社区工作人员的带领下去案主家探访了案主。案主仍处于孤僻的状态,对外人仍有种本能的抗拒。社工尝试与案主聊天,但是案主只是给予了简单的回应。鉴于案主寡言的状态,社工只是跟案主做了简单的自我介绍,又跟案主的母亲单独聊了会儿,并对案主母亲的坚韧表示肯定和赞赏。得知案主的一些兴趣后,社工再次尝试跟案主进行聊天,因为以案主的兴趣为出发点,所以案主与社工多聊了一些话题,社工也给予了案主鼓励和肯定。案主对社工稍微敞开了心扉。社工与案主、案主母亲的工作关系初步建立。

(2) 社工反思：案主对外界还是有本能的抗拒，但也感受得出来，案主也希望找到人倾诉，希望有自己的交际圈。案主的母亲压力巨大，需要倾诉和宣泄。

(3) 社工的处理方法

① 运用鼓励的技巧让案主敞开心扉，以获取案主的信任。

② 运用倾听的技巧让案主母亲有机会进行适当的倾诉，缓解心理压力。

③ 给予案主母亲关于残疾人服务的各种信息，若需要进一步了解可以直接联系社工。

④ 与案主约定再次面谈的时间、地点。表示希望能与案主进行进一步交谈。

2. 第二次：个案工作(2017 年 2 月 17 日)

(1) 案主情况：案主如约来到社工的办公地点，开始逐渐打开心扉，跟社工讲述骑车摔倒的过程。并且表示，其实自己对家庭也很愧疚，给他妈妈增添了负担。在这几年的封闭时间中，自己也很孤独，也渴望能踏出家门交朋友。并且，案主表示，虽然自己之前是学计算机的，但是由于实践的时间不够，再加上已经有三年没有再进行任何的操作，自己已经基本忘记了，虽然希望能学到一门可以增加经济收入的技能，但是内心仍是自卑的，担心自己不能再胜任任何工作。

(2) 社工反思：案主能主动来参加约定的面谈，就表明案主已经对社工放下了戒备心，也愿意跟社工继续开展接下来的服务。同时，案主能表达他社交和工作的愿望，也表示案主对自己的现状有了正面的认识。

(3) 社工的处理方法

① 运用了倾听和澄清的技巧，让案主多年的痛苦有了发泄口的同时，也帮其理清了现在主要的问题和需求。链接社区以及嘉定区各个助残项目的资源，为案主提供切实可行的解决办法。

② 运用增能理论，鼓励案主先主动尝试去学一门容易上手的技能，解决自己的部分生活开销问题。并且为案主联络了“阳光工坊”，为案主争取到了一个手工制作竹刻的工作机会。

③ 鼓励案主用 QQ 等网络聊天工具，先跟之前要好的朋友联系起来，哪怕是简单的寒暄。

3. 第三次：个案工作(2017 年 2 月 24 日)

(1) 案主情况：案主在社工的建议下尝试跟其之前要好的朋友进行了网络联系，他们仍然还是很友好，表示对案主仍然很关心，并邀请在天气好的情况下，一起出去聚餐。案主对此表示既惊讶又开心。案主在一个亲戚的介绍下去了“中途之家”，参加了康复训练，精神状态也有了大的转变，并且也去了“阳光工坊”，开始了竹刻的制作工作。案主由寡言的状态转变为愿意与外人说话、交谈了。但是，看得出来，案主还是非常不自信，做手工的时候也生怕做错，缩手缩脚。案主也不敢主动跟人进行交谈。

(2) 社工反思：案主能走出家门就是一个很大的进步了。并且还参加了康复训练和手工制作活动。这对案主融入社会来说是一个很好的开始。但是鉴于案主内心的自卑，还需要社工做进一步的努力。

(3) 社工的处理方法

对案主的改变表示肯定，并鼓励案主继续坚持。

由于社工所在的机构主要是提供残疾人舞蹈的服务，因此为了增强案主的自信心，帮助案主进行康复训练，社工鼓励案主在有时间的情况下先来感受下轮椅舞的排练。若有兴趣，也可以过来参加，成为艺术团的一员。

4. 第四次：艺术团参观活动(2017 年 3 月 2 日)

(1) 案主情况：案主来到了艺术团的轮椅舞排练厅，心情也很激动，表示非常震撼，接受了社工的参加轮椅舞排练的建议。案主在轮椅舞排练厅后排，欣赏着其他演员的舞蹈排练，迟迟不肯离去，一直到舞蹈排练结束。案主想下次就跟着他们过来一起排练。但是对自己零舞蹈基础的情况表示胆怯，并且也对自己的学习情况非常担忧。

(2) 社工反思：案主对舞蹈有强烈的向往，这是引导案主学习舞蹈的很好的契机。可能的话就让案主尽快地参加舞蹈排练，但是要跟案主讲解清楚艺术团的规则，一旦参加，不能三分钟热度地中途退出，假如参加了，就要坚持排练完一支舞蹈。并且也跟他讲明，舞蹈训练不仅可以增加自己的特长，也对身体的康复训练有帮助。

(3) 社工的处理方法

运用优势理论，让案主认识到，虽然肢体残疾，但是自己五官清秀，舞台呈现度很好，并且上身肢体协调度好，这些优势对于只需用到上身肢体进行表演的轮椅舞是很好的基础。应该认识到自己的优势所在，并且充分发挥出来。

跟艺术团负责人提议，给予案主参加轮椅舞排练的机会。并安排在下次轮椅舞排练的时候给予案主第一次尝试的机会。

跟案主母亲商量，并取得了案主母亲的同意。

5. 第五次：第一次排练(2017 年 3 月 7 日)

(1) 案主情况：轮椅舞的排练正常进行，案主早早地来到了排练厅等候。社工也跟轮椅舞指导老师说明了案主的情况，鉴于案主浓烈的学习兴趣，指导老师也很欢迎案主的加入。案主加入队列后，认真听从老师的指导，每一个分解动作都学得很认真。两个小时很快过去，案主下课后，社工跟案主进行了交谈，询问案主的学习感受和接下来的打算。案主表示，他很喜欢舞蹈，也想一直坚持下去。案主虽然在跳舞的时候还是有些胆怯，但是明显看得出，他的精神状态已经有了很大转变，并且性格也比以前开朗很多。

(2) 社工反思：看得出，案主已经逐步敞开自己心扉，迎接所有新的朋友、新的事物、新的知识。社工为案主提供舞蹈类的服务也是正确的计划安排。舞蹈类学习不仅能够为案主增加一门兴趣爱好，也是案主融入社会的另外一个良好的途径，同时也能为案主提供排练补贴费用，增加案主的部分经济收入。

(3) 社工的处理方法

跟舞蹈老师和其他演员说明案主的情况，也希望他们能和案主互帮互助，互相关心。

鼓励案主多与舞蹈队其他演员进行交流。

对案主第一次排练的成效表示赞赏，并建议他再接再厉，尽快跟上其他演员的排练进度。

6. 第六次：轮椅舞排练(2017 年 3 月 16 日)

(1) 案主情况：据舞蹈指导老师的反馈，案主每次排练都准时到达，排练也非常用功。看得出案主是发自内心地喜欢舞蹈。指导老师也很喜欢案主。虽然案主受伤程度较重，指导老师和其他工作人员也对案主的情况有些顾虑，但是案主自身刻苦努力，舞蹈技能也是突飞猛进。并且，其他演员也非常关心案主，在排练期间给予案主较多帮助。这一次看到案主，案主竟然开始主动跟其他演员聊天了。受到老师表扬的时候，案主也露出了久违的笑容。

(2) 社工反思：让案主加入一个集体，并且还是案主感兴趣的集体，是案主融入社会的非常好的一个桥梁。

(3) 社工的处理方法

在演员排练之外的时间，安排一些社会融入活动，进一步增进案主与其他演员的感情。

让案主进一步认识到自己的能力。让案主认识到在短时间内能有如此快的进步，就是非常了不起的一件事。

7. 第七次：探访(2017 年 3 月 26 日)

(1) 案主情况：案主开始了舞蹈排练，但是也没丢弃“中途之家”的康复训练和“阳光工坊”的手工制作工作。案主在“中途之家”的领导听说他在学习舞蹈，也希望他在康复训练的休息时间能带带另外的一个学员，让她一起学学舞蹈，之后机构有活动的时候也可以让他俩来进行表演。案主也欣然答应了。案主从一个学员，瞬间转换成了“小老师”。案主的责任感也油然而生。案主也把带另外学员跳舞当作自己的巩固练习，一举两得。

(2) 社工反思：案主身份的转变，也实现了助人自助的社工精神。不仅对案主的增能有帮助，也对增强他的自信心和自我认同感、价值感有很大帮助。

(3) 社工的处理方法

对案主“身份”的小转变表示祝贺，也祝愿他能承担自己的岗位职责。

告知案主，在5月份的助残周有轮椅舞演出，让案主加倍努力，好好准备，但是也要控制训练强度，注意身体。并且告知案主，下一次的交谈就放在演出当天，并表示期待看到案主的表现。

社工对案主较高的颜值和较强的学习能力等优势再一次表示肯定，建议案主上台的时候要充满信心，相信自己一定能赢得观众的赞赏。

8. 第八次：助残周演出(2017年5月19日)

(1) 案主情况：经过了一个多月的紧张训练，案主的舞蹈技能和精神面貌已经有了极大的改变。案主参加的是嘉定区残疾人非遗手工艺品慈善拍卖的表演活动。社工作为台下观众观看了案主的表演。案主换好演出服、化好妆后的样貌已经让社工都快认不出来了。一上台，案主聚精会神地开始了他们团队的表演，一段深情洋溢的拉丁舞《刚好遇见你》，为台下观众带来了一场精彩绝伦的视觉盛宴。案主脸上展露的自信，已经完全看不出来他曾经是一个连话都不敢说也不敢正眼看别人的自卑青年了。

(2) 社工反思：案主在舞蹈中已经找回了曾经丢失的自己，成了舞台上翩翩起舞的舞蹈精灵，案主也在自己的人生舞台上开始绽放光芒。而且能与其他演员完美协作，共同演绎让观众赞叹不已的异域舞蹈。这是案主自己通过努力所收获的“果实”，也是整个团队共同协作的成果。

(3) 社工的处理方法

在案主表演后见面时，社工对案主演出的成功表示极高的赞赏和热烈的祝贺。社工对案主的精彩表现也感到非常开心。希望案主能继续将这种努力的精神和正能量传播给更多人。

社工对案主的巨大改变表示由衷的祝福，希望案主能继续发扬“助人自助”的精神，使所学所得也能帮到别人。

鼓励案主继续坚持舞蹈的排练、身体的康复训练和手工制作工作。并且，多跟团队中的学员进行聊天、沟通，扩大自己的交际圈。

跟案主说明，下次再见面就要结束服务了，希望案主能知晓并且如约到达见面地点。

七、结案

案主准时到了约定的地点，一见到社工已经按捺不住自己的开心，告诉社工，5 月份那次的演出后还参加了另外的演出。还邀请了案主的母亲去观看，案主母亲看到自己儿子在台上的演出，也非常欣慰。案主还告诉社工，他在学习舞蹈的过程中认识了一群好朋友，他们的关系也非常融洽，上一周还一起出去聚会唱歌了。案主对社工表示感谢，感谢这几个月以来的各种鼓励和认可，表示社工的服务对他的改变有着至关重要的作用。社工也邀请案主对社工的工作进行满意度评估。社工认为，案主已经开始了有序的舞蹈排练，并且也参加了正式的演出，与此同时，也仍在做康复训练和手工制作，有了一定的经济收入。在舞蹈排练的同时，案主也交了几个要好的朋友，已经正式融入了社会，并且还把自己所学教给了其他学员。社工认为，这已经实现了刚开始所定的目标，因此进行结案，并告知了案主，案主也表示同意和接受。

八、成效评估

结果评估：几个月的接触下来，社工看到案主有了明显的转变，案主从孤僻寡言到言辞流利，从自卑自弃到精神抖擞，案主已经完全找回了曾经那个笑容满面、朝气蓬勃的自己。案主不仅在舞台上向观众展示着精彩的舞蹈，也重新踏上了属于他自己的人生舞台。案主在舞台上不仅找回了自己，也重获了珍贵的友谊。案主很满意自己现在的状态，并表示还会继续努力，期望在舞蹈的道路上走得更远。案主对社工的介入也表示非常满意和感激。看到案主的改变，大家也表示非常欣喜，因此也认为该个案的服务成效达到了预期所设定的目标。

过程评估：该个案的进展出乎社工的预料，也证明社工循序渐进的介入方法是正确的选择。社工在帮助案主解决一部分基本的生活和身体康复问题后，又找到舞蹈作为切入口，为案主重拾自信、重新正面看待自己的优势和能力提供了诸多裨益，表明这是比较有成效的介入办法。

九、专业反思

残疾人个案工作是社工第一次尝试的领域，刚开始介入的时候也充满疑虑。再加上案主已经不与外界接触长达三年之久，这对整个个案的开展来说有一定的挑战性。但是，比较好的消息是，在社工引导案主看到自身优势和能量后，案主也表现出了想要改变的动机，这也是推动整个介入计划顺利实施的关键因素。此外，社工最初想以舞蹈为契机，这也是给予了案主一种选择，且这一选择正好契合了案主的兴趣点。该个案的介入，社工主要以鼓励、肯定、陪伴的引导者角色为主，个案目标的顺利达成也与案主自身的努力密不可分。整个个案的进行，在帮助案主走出阴霾人生的同时，社工也在案主身上获得了满满的正能量。相信案主的明天也会依旧灿烂。这也表明增能理论模式与优势视角理论模式在残疾人社会工作的开展中有着实际性的指导和推动作用。

但是，该个案也存在不足之处，由于社工自身的残疾人社会工作经验不足，在开导案主的过程中也有束手无策的时候。这种情况导致在访谈过程中偶尔会出现冷场的情况，这也需要社工继续努力丰富实践经验，并向前辈学习、取经。

十、附件

附件 3－1　服务对象演出舞姿一

附件 3－2　服务对象演出舞姿二

督导点评

这是一个非常成功的个案，成功到连社工自己也感到意外。仔细探索一下个案成功的秘诀，不难发现：社工正确评估了案主的个性化特征和需求，案主本身受过良好的教育，具备计算机优势及专业技能，同时，案主家庭的压力也是改变的动力。

在此基础上，社工针对性地选取了增能理论和优势视角理论，充分挖掘出了案主计算机之外的另一个独特优势——舞蹈。这应该是本案例成功的根本性转折，也同样体现了社工精细化的服务成效，后期案主的巨大转变也正是因为舞蹈而发生，尤其是化妆后，舞台上的案主焕然一新，重启了崭新的人生路！

我们常说，人人都是天生的艺术家，就此而言，艺术对于每个人都可能是非常治愈的，关键是如何发掘案主与艺术的内在关联。这是本案成功的最大因素，也是本案对我们的最大启示。

项目名称：阳光送教项目

承接机构：上海青聪泉儿童智能训练中心

我的未来不是梦

——优势视角理论下自闭儿的生活自理服务

引言

“老师（家长对于社工和治疗师的统称），谢谢你们，也谢谢嘉定残联，因为你们的帮助，我们家小卓能自己穿衣吃饭，独立上厕所了，流口水的时候也知道用手帕擦了，脾气好了很多，我们照顾他也轻松了很多。”

——一位大龄自闭儿的奶奶

非常感谢嘉定残联的领导给予我们青聪泉的信任，在自闭症康复这个领域，我们前进了12年，接手“阳光送教”项目，使我们的业务能力得到了极大的锻炼。在这将近一年的时间里，我们从孩子的生理、心理和社会性出发，对孩子进行专业的康复训练，让孩子在认知、语言、社交、自理等方面有了极大的提高。同时也从孩子的家庭进行介入，改变家长的意识，提高家长的配合度，为自闭儿成年以后的发展奠定基础，尽可能降低成年自闭儿给家庭带来的压力。

一、案例背景

自闭症又称孤独症，是一种因基因突变引发的广泛性发育障碍性疾病。在生理上，大多数自闭儿存在感觉统合失调。在社会性方面，他们存在社交沟通和互动障碍，以及狭隘、重复、刻板的行为、兴趣和活动。他们在社交上缺乏基本的身体语言，没有建立友谊的能力，不会主动分享，几乎没有参与社交的动机，察觉不到他人的存在、需要和感受。大部分自闭儿伴有语言迟缓，不能持续对话，咬字不清、音调异常，说话内容和结构异常，较难理解他人的问题和笑话等情况。严重的还会伴有异常行为，如自伤、他伤等。

“阳光送教”项目的13位案主大多数属于大龄孩子，错过了自闭症儿童康复的黄金时期。

本个案的案主小卓，是一个12岁的男孩，目前就读于成佳学校，自闭症症状明显，并伴有癫痫和脑瘫。他很少说话，也很少与人有目光对视，虽然偶尔会有与同学交往的意愿，但是方式不恰当。有比较严重的行为问题，一般情况下行为比较刻板，情绪波动大，而且不易安抚，有攻击性行为、破坏性行为和自残行为。他生活基本不能自理：不会表达大小便意愿，不能独自上厕所，吃东西需要人喂，不会洗脸，不会穿脱衣物，从来没有刷过牙。不理解也不能遵守社会规则，基本做不到自我控制。

小卓家庭和睦，与祖辈共同生活。平时父母上班的时候是爷爷奶奶照顾他，小卓基本没有任何生活技能，都是祖辈包办，父母每天陪同的时间也比较少，一天也就半个小时到一小时，家里人对孩子的管教方式不统一：父母比较有原则和规律，但是没有正确的方式，当孩子做得不好的时候采用粗暴打骂的方式；爷爷奶奶比较宠爱孩子，小卓生活中的事情都是老人包办，过分照顾导致他生活能力很低，当父母管教他的时候爷爷奶奶还会护着他，在这样一种教养模式下，孩子基本没有规则性。

社工和治疗师第一次接触他的时候，他坐在地上又哭又闹，僵持了很长时间，最后是治疗师和家长一起把他拉进教室。进了教室他也不消停，治疗师给他的玩具他都会扔掉，把旁边的东西都打乱，包括教具和篮子，甚至出现数次拍打治疗师的行为。在康复训练时一直要求结束，不配合治疗师。同时会一直流口水。在小组活动时到处拍人、抓头发，推翻或者打翻各种物品，只要是出现在他视线范围内的或是触手可及的东西都逃不过他的手，无论拿在手里什么都会扔掉。

笔者接手这个个案以后，对小卓进行了自闭症的专业评估。

经过专业的评估，可以看出，刚介入此个案的时候，孩子的能力相当弱，他的认知、语言表达、语言理解、小肌肉、大肌肉以及模仿都不到1周岁的程度，个人自理能力更是只相当于20个月左右的婴儿，属于中重度自闭症的情况。

二、需求分析

了解到案主的具体情况之后，笔者从生理、心理和社会性三方面来分析案主的需求。

1. 生理需求

解决口腔问题：案主的口腔非常敏感，12年来从没有刷过牙，他在生活中不能接受牙刷进入他的口中。另外案主的合唇力和下颚骨弱，导致他常年流口水。

2. 心理需求

(1) 获得尊重：在生活中不被重视，父母随意打骂他，同学歧视他，不与他交往。

(2) 自信心建立：祖辈的过分照顾，让案主基本没有自理能力，他自己也觉得自己什么都不会，也不敢独立完成一些事情，害怕做不好会受到父母的打骂。

3. 社会性需求

(1) 建立与他人的正确交往方式：案主没有口头表达能力，想与伙伴交往时会采用攻击他人的方式。当案主对他人表达自己的意愿，而对方不明白时会发脾气，甚至出现自伤行为。

(2) 培养基本的自理能力：案主目前基本没有生活自理能力，活在祖辈的过分照顾下。如果有一天老人离开了，他连自己吃饭都做不到。

(3) 明白社会规则：案主不理解社会规则，不能听明白指令。

(4) 展示听觉优势：案主在听觉方面比较敏感，对音乐感兴趣。

三、理论依据

1. 应用行为分析法(Applied Behavior Analysis, ABA)

应用行为分析法是目前在自闭症康复领域应用最广泛的一种理论方法，它要求将任务(即所要学的知识、技能、行为、习惯等)按照一定的方法和顺序分解成一系列较小的和相对独立的步骤，然后采用适当的强化方式进行训练，直到独立完成任务。

采用这个理论主要源于自闭症儿童的学习特点，笔者将在案主的康复训练中贯穿这个理论。

2. 优势视角理论

"优势视角"(Strength Perspective)是一种关注人的内在力量和优势资源的视角。意味着应当把人们及其环境中的优势和资源作为社会工作助人过程中所关注的焦点，而非关注其问题和病理。

优势视角着重于挖掘案主自身的优点，帮助案主认识其优势，从而达到解决案主外在或潜在问题的目的。

这个理论运用于解决案主的心理需求和社会性需求。

四、服务目标

1. 总目标

帮助案主减轻感觉统合失调带来的生理问题，提高他的社交能力，改善情绪问题。改变案主生活不能自理的现况，培养他在音乐方面的爱好。

2. 具体目标

(1) 通过口部肌肉训练让案主接受刷牙的习惯，减少或者解决流口水的问题。

(2) 帮助案主建立正确的交往方式，理解基本的社会规则。

(3) 通过家长培训让家长理解并支持案主。

(4) 帮助案主培养力所能及的生活自理能力。

(5) 通过培养对音乐的兴趣缓解案主的情绪问题。

五、服务计划

1. 每周开展两次专业治疗师的康复训练。

2. 每周开展一次口部肌肉治疗。

3. 每月开展一次家长培训课程。

4. 每月开展一次儿童周末艺术课程。

六、服务内容

1. 口部肌肉治疗内容

运用压舌板、海绵棒、吸管等帮助案主缓解口部肌肉的敏感和流口水问题。

2. 家长课堂内容

每月邀请在自闭症康复领域的专业人士为家长讲解自闭症康复的相关知识，具体课程见表 4-1。

表 4-1 “家长课堂”课程一览表

时间	内容
3月	了解自闭症
4月	家庭口肌训练
5月	自闭症儿童语言训练

续 表

时　　间	内　　容
6月	感觉统合
7月	专家讲座
8月	行为矫正原理
9月	行为矫正实操
10月	结构化
11月	图片交换系统
12月	社交故事

3. 周末儿童活动

每月进行一次儿童兴趣课堂，让案主参与到课堂中，既培养了他在音乐方面的兴趣，又增加了其与同伴交往的机会(具体课程见表4-2)。

表4-2 “儿童兴趣课堂”课程一览表

时　　间	内　　容
4月	走进奇妙的科学世界
5月	松下美食烘焙
6月	音乐和手工体验课
8月	音乐和烘焙课程
9月	绘本和电影观摩
10月	超市购物
11月	音乐剧观赏
12月	圣诞晚会表演

七、执行过程

1. 生理需求方面

针对案主口部肌肉敏感，下颚和合唇无力，笔者先尝试用海绵棒刷他的脸颊和嘴唇，让他慢慢能够适应有异物靠近他的口部。再尝试用海绵棒对他进行口腔按摩。在他完全接受海绵棒后，又加入了压舌板和吸管，训练他的合唇和下颚。

2. 心理需求方面

案主有被尊重的需求，笔者在家长课堂上疏导家长的心理，让案主的父母正确认识案主的问题，当在日常生活中出现小卓与父母发生冲突的情况时，建议案主父母采用正确的方式对待案主，减少不恰当的打骂，保护案主的身心健康。

同时，利用康复训练课堂，模拟现实场景，进行社交训练，如与人打招呼、寻求帮助、表达需求等。教授案主与人交往的正确方式，并在周末的儿童活动时进行实地演练。同时鼓励父母带其外出，参与到其他孩子的活动中，鼓励案主父母给予他一定的支持。

在帮助案主建立自信心方面采用优势视角理论，将生活中最平常的事情如洗脸分解为若干个步骤：拿盆和毛巾→接水→搓毛巾→拧毛巾→洗脸→洗毛巾→拧干毛巾→放好毛巾和脸盆。他只要做好其中一个步骤，家长就给予其表扬和奖励，让他建立自信，体会到成功的快乐，能够大胆尝试他曾经不能独立完成的活动。

3. 社会性需求方面

通过设计他的社交故事，让他明白社会规则，如什么情况下需要排队等候，公共环境需要保持安静，应听从家人和老师的指令等。

在康复课堂分步骤进行自理训练，如穿衣、吃饭、如厕、洗脸、刷牙、整理物品等。同时在家中实行家长放手计划，他的个人自理工作尽量放手让他自己完成。

利用他在听觉上的优势，指导父母在家播放音乐进行康复，找到他喜欢的乐曲，当他出现情绪问题时尽量用音乐来缓解，平缓他的情绪。

八、成效评估

1. 专业评估(见图4-1)

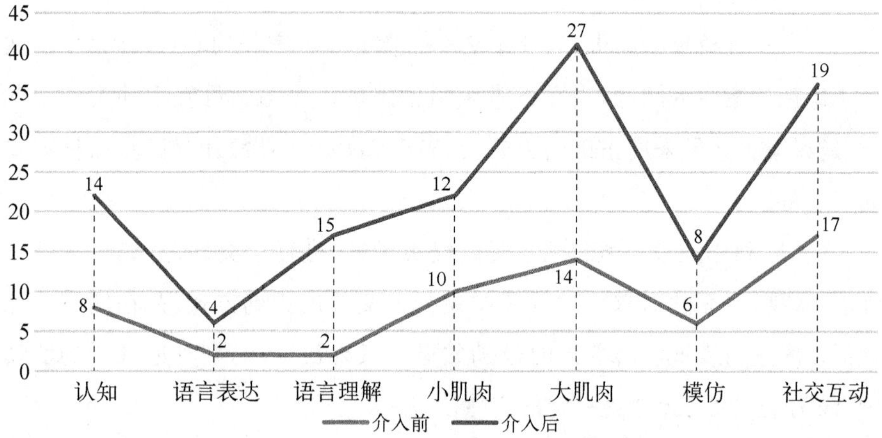

图4-1 个案介入前后专业评估对比

2. 需求评估

内容	介入前	介入后
生理需求	口部敏感,不能刷牙	可以刷牙
	流口水	口水流得少了,当有口水流出时会用手帕擦拭
	没有基本的生活自理能力	能独立吃饭、喝水、穿衣、穿鞋、如厕、洗脸
	听觉敏感	能用音乐舒缓情绪
心理需求	被父母打骂; 同学排斥; 不喜欢与老师接触,抗拒康复治疗	家庭中消除打骂的教养方式; 能在康复课堂与同学和睦相处; 能与治疗师良好互动
	个人自理完全靠辅助,没有自信完成自理	能独立完成自理
社会性需求	与人交往时采用拍打他人的方式; 需求得不到满足时采用自伤的方式	他伤和自伤行为减少; 知道正确的互动方式
	不明白社会规则,随时发脾气,大吵大闹;听不懂指令	能接受排队等候,在公共场合不吵闹; 能明白老师的简单指令,并按要求完成

九、反思与建议

接手此个案大半年的时间，看着案主点滴的变化，进步的地方让笔者满怀欣喜，但也存在着很多不足。

首先是介入层面比较广。随着服务的深入，案主和社工本身的精力都有限，发展深度受限。

其次，虽然找到了案主的优势，但是这个优势目前还没有得到充分的发挥，应该思考怎么利用优势视角理论为案主增能。

再次是案主的社会交往面还是比较狭窄的，在服务过程中，案主接触的主要是社工、治疗师、康复项目的其他案主以及家人，对于他今后融入社会是非常不利的。

综合以上思考，结合案主自身的需求，笔者认为，在接下来的服务中可以从他的沟通入手。因为他是一个表达有障碍的孩子，很多问题的产生都源于沟通障碍，目前已经有比较成熟的辅助性沟通工具，如目前项目中治疗师正在尝试运用的 AAC，凭借这个工具，应尝试提高案主与他人沟通的能力，提高他的社会交往能力。另外也需要链接社会资源，为自闭儿创造更多的交流机会，让他们能够被社会接纳，能尽快地融入社会生活中。

十、社工总结

还记得第一次看见这个孩子，那天下着雨，他爸爸牵着他的手，拉着他走进了机构的大门，他仰头望着外面的天空，我跟他打招呼，连续喊了他几次，他都没有反应，依然望着外面的天空，进来后就直接往里冲，他爸爸紧紧地拉着他，妈妈去参加家长培训，爸爸陪着他参加儿童活动，他完全没有感觉。我当时就想，这样一个孩子，年龄这么大，病情这么严重，光靠我们一周一次的干预会有什么变化呢？

接手这个项目后，我们的专业治疗师认真地评估，制订了一系列计划，从社工的角度，我们也全力配合着治疗师。首先介入他们的家庭，通过家长培训班改变家长的理念，家长从一开始的不理解，或者说是敷衍，到后来开始接受，并且积极地参与到我们为家长组织的每一次活动中。特别是今年七月份，我们请来了甄老师，给家长们带来了极大的震动，大家都积极配合治疗师对他们的孩子进行康复训练。因此在我们的暑期训练中，小卓开始接受刷牙了。当时我简直是惊呆了，所以孩子们不是不可以，家长过去的十年都没有做到的，现在我们做到了，其实特别有成就感。这些变化是因为激发了孩子潜藏的能量，我们不能想当然地认为孩子们做不到，有了正确的引导，每个孩子都有自己的优势，都能突破自己。第二次评估的时候见到小卓，他不仅口水流得少了，还知道用手帕擦口水，整个评估过程也没有发脾气，而且自己也会上厕所，他点点滴滴的进步都让我们看到工作的希望和价值。

十一、附件

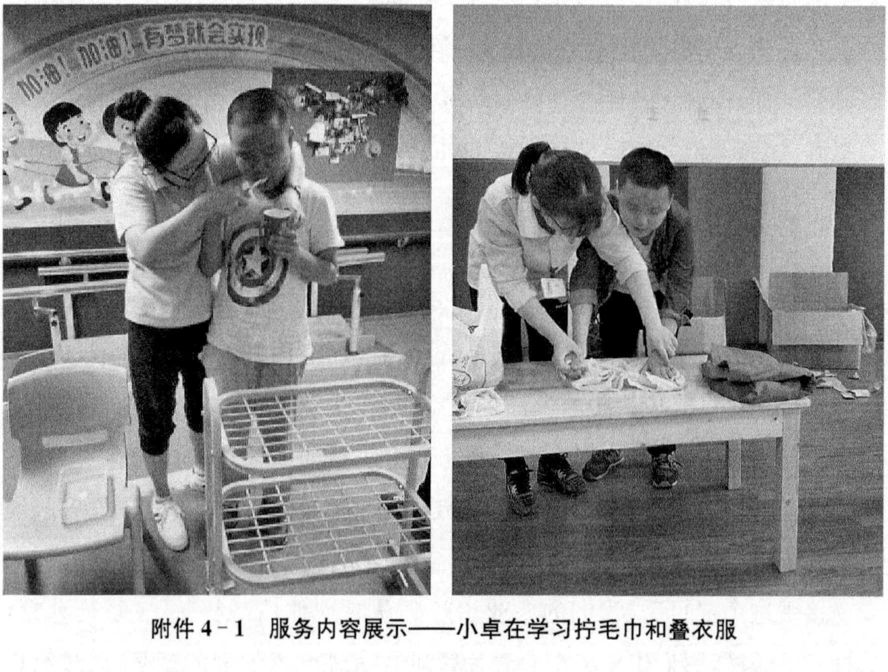

附件 4-1　服务内容展示——小卓在学习拧毛巾和叠衣服

督导点评

本案例能够从社会工作专业的优势视角出发，并结合特殊教育专业的介入手段，让我们看到多学科介入在自闭症患儿的身上能够产生的正向影响。相信本案例能对推动特殊教育的多学科、全队、全人服务有积极影响。

项目社工有社会工作专业背景，和青聪泉一起从年初接手这个项目，从一开始的茫然无措到能够得心应手地处理好项目上的专业辅助和行政支持，社工自己有很多成长。在案例中，社工既能够将理性的分析和感性的描述有机结合起来，通过专业客观且细致的评估方式评估案主的变化情况，又能够通过优势视角，通过全人的理念看到案主的优势，从案主的需求进行介入跟进，发挥青聪泉的专业优势，做到多学科有机结合，产生的合力是一加一大于二的。

项目名称：阳光居家养护项目

承接机构：上海嘉定区和谐家庭服务中心

释放心灵，重塑价值

——生命回顾疗法在残疾老人中的应用

引言

老鲍年轻时曾经是一名解放军特种兵，身形高大威武，相貌英俊神气。退役后还曾担任过副镇长，又做过药店经理。他的妻子朱阿姨，年轻那会儿也是机关工作人员，从市政府机关到镇政府，老两口一直到退休都是生活和谐、美满幸福的。直到十几年前，一场意外的到来，彻底击碎了这个幸福的家庭。

2001年，老鲍在一起液化气爆炸事故中受伤，全身都是重度烧伤，送进瑞金医院后，医生判定伤情严重，这种情况下生还的可能性很低，但是老鲍扛了下来，奇迹般地保住了性命。但是不知该说幸运还是不幸，活下来的老鲍还要面对更艰难的路，接二连三的手术接踵而来，最骇人的是曾在一个月内连续接受了23次手术，这样的痛苦常人根本无法想象。那段时间朱阿姨说他真的太痛苦了，瘦得连100斤都不到，但是他依然坚持了下来。

经过漫长而痛苦的治疗，命是捡回来了，但老鲍最终也落下了重度残疾,容貌尽毁,不复当年。而面对如此重大的打击以及生活翻天覆地的变化,老鲍的性格和脾气都发生了巨大的转变。他开始不出门,不和别人交流,无法承受来自别人异样的眼光和言语;他变得固执而脾气乖戾,拒绝任何人的看望和拜访。

几年下来,老两口就这么相依为命地生活,年纪渐长的妻子对于独自一人照顾老鲍也已经心力交瘁、力不从心。因此,2014 年,他们申请加入了"阳光居家"养护项目,朱阿姨一心希望项目组可以稍稍减轻她的负担,能为自己搭把手照顾老伴。可惜,事与愿违,前前后后他们换了好几个志愿者,都没办法令老鲍和她感到满意。

一、案例背景

基本情况:案主老鲍,83 岁,嘉定人。

家庭情况:妻子朱阿姨,73 岁,夫妻俩均已退休;两人育有一儿一女,女儿从来不曾看望过他们,儿子逢年过节会来看望二老,但工作、居住都在市区,所以也不经常来。

二、需求分析

1. 心理需求:老鲍自从受伤致残后,身心很痛苦也很自卑,一生都意气风发的他很怕别人异样的眼光和言语,脾气变得敏感、暴躁,稍有刺激,情绪便会异常激动、失控;并且平时少有人来看望,也只有儿子一年偶尔来看望几次,长此以往,老鲍除了老伴,缺少交流谈心的人,内心备感孤独和寂寞。

2. 生活照料需求:老鲍的妻子常年来独自一人照顾老鲍,如今自己年纪也渐长,渐渐对于家务及老鲍的护理感到力不从心,希望得到志愿者的帮助。

3. 宠物照料问题:老鲍由于内心的孤独和自卑,在家里养了很多宠物,但又无暇照顾它们,导致家中卫生环境状况很差,宠物半夜的鸣叫也时不时打扰到周围居民的正常休息,导致邻里关系紧张,因此,解决宠物饲养问题十分迫切。

4. 信息获得需求：自从受伤后，老鲍几乎不出门，他妻子朱阿姨由于要照顾他也极少出门，除非购买生活必需品，老两口长期都待在家中，和社会的信息互动、交流几乎没有，社会网络断裂严重。

三、理论模式

本案例采用生命回顾疗法。生命回顾(Life Reviewing)，简言之就是回想当年，Bulter 于 1963 年首先使用，最初是基于老年人爱回忆的特点，协助老年人从懊悔或不满意的经验中，重新以较正面的角度去诠释旧经验，发现新希望，肯定自我存在的意义；同时将自我的生命统合于宇宙的大秩序中。回顾即反省—反省中觉悟—忏悔见希望，重建生命意义是回顾治疗的指导思想。生命回顾工作的主要任务是协助服务对象重整秩序、发现或重新诠释意义、释放冲突和不满。

该案主因多年前的意外导致残疾，一直未能接受，所以会出现情绪和行为问题，通过生命回顾，可以帮助案主重新看待自己及自己的生命价值。

四、服务计划

(一) 服务目标

1. 总目标

协助老鲍应对消极情绪反应，建立积极的自我形象，树立自我价值感；改善人际沟通交往能力，链接社会信息网。

2. 具体目标

(1) 改善老鲍自卑封闭的心理状态，合理疏导暴躁的情绪。

(2) 引导老鲍正确处理宠物问题，缓和、改善邻里关系。

(3) 帮助搭建人际关系交往平台，把握与他人沟通交流的机会，改善其封闭的情绪及行为，建立健康的社会视角。

(4) 鼓励老鲍多参与社区活动，为案主提供获取相关社会政策、资源方面信息的渠道，提升社会参与度。

（二）服务策略与程序

1. 情绪疏导的策略与程序

策略：协助案主发泄负面情绪，引导其建立自我认同感。

程序：了解案主目前生活状态及感受。

帮助案主抒发苦恼和不满，特别是情绪上的问题。

协助疏导案主的负面情绪。

2. 合法饲养的策略与程序

策略：协助案主正确、合法地饲养宠物，缓和邻里矛盾。

程序：分享案主饲养宠物的原因及经过。

协助案主了解宠物饲养及日常护理的相关科学知识。

帮助案主美化宠物饲养环境。

3. 人际交流的策略与程序

策略：提升案主的沟通技巧，鼓励参与社区活动。

程序：分享人际关系建立过程及沟通技巧。

帮助案主尝试运用已习得的技巧。

鼓励案主参与社区活动，扩大人际交往圈。

4. 信息获得的策略与程序

策略：发掘、利用案主周边生活信息，增加案主获得渠道。

程序：分享多途径信息获取渠道。

帮助案主链接相关资源，如网络信息获取。

鼓励案主扩大交友圈，建立自己的社会信息网。

五、执行过程

第一阶段：建立专业关系，了解基本情况。

老鲍长期与妻子独居，从不出门，一开始接触时，抗拒接受服务的情绪十分强烈。社工采用了积极主动、尊重和关怀的技巧多次与老鲍进行交谈，逐渐赢得了服务对象的信任。案主的对抗情绪明显减弱，还能主动跟社工聊天，说出自己的一些困扰。

第二阶段：通过回顾疗法，提升服务对象的价值感。

案主虽然是一名残疾人，但是也是一名老人，他有着老年人的很多特点。特别是在身体残疾之后，自己一直不能接受这个现实，一直否定自己。现日渐高龄，又面临着很多生命老化、生活照顾等各种问题，就更加不能接受自己。此阶段，在前期与案主建立信任关系的基础上，社工通过引导案主回顾自己残疾之前的学习、工作、生活，增强案主的价值感与成就感，引导他能更合理地看待今天的自己。在社工的引导下，老鲍将自己早年当兵及工作的一些经历与社工分享，在此过程中，社工也能够看到他对自己过去工作的自豪感，于是积极给予肯定和鼓励。通过回顾疗法，案主渐渐能够从回顾过去中找到力量，开始重新看待今天的自己，也能够慢慢变得心平气和。

第三阶段：志愿者上门提供生活照料，提供情绪支持、引导。

由于老鲍肢体残疾严重，基本生活起居无法自理，朱阿姨年纪也渐长，对于照顾老伴也力不从心，因此老鲍的生活照料是一个问题。上海嘉定区和谐家庭服务中心(以下简称“中心”)针对此情况，安排了志愿者上门进行生活照料，包括打扫卫生、洗衣煮饭，切实解决了老鲍基本的生活照料问题。

此外，由于老鲍基本不出门，缺少沟通、陪伴，经常感到孤独、紧张、暴躁，情绪波动大。社工针对此心理需求，经常上门为老鲍做心理疏导，并与志愿者进行了说明，还展开了相关培训，使其能够利用上门服务的时间提供一些基础的心理慰藉服务。

第四阶段：改变沟通方式，缓和邻里关系。

老鲍因为自己家中饲养的宠物太多，无暇顾及，卫生环境状况很差，导致异味浓重，且宠物半夜的鸣叫也时不时打扰到周围居民的正常休息，为此邻居好几次上门投诉过这个问题，都被老鲍骂得狗血淋头，邻居们看老鲍脾气固执，劝也劝不动，只能投诉到居委会，居委会工作人员上门做工作时，老鲍连门也不开，不加理睬。

社工就此问题劝说老鲍时，老鲍也是反应强烈，还没等社工说完就厉声打断，坚决表示不会把宠物送走。社工不气馁，通过澄清事实，提供正确的饲养信息，运用自我披露养宠物经历、同理心等工作技巧，就此问题展开了多次的正面讨论和建议，最后老鲍终于明白了自身的问题，答应把宠物送掉几只，尽量不打扰到邻居生活，邻居们也表示愿意体谅老鲍的情况，也答应一起帮忙寻找愿意领养宠物的家庭。

第五阶段：帮助案主链接社会资源，建立社会支持网络。

随着服务的推进，老鲍在社工和志愿者面前已经能够打开心扉沟通和交流了，每次社工上门，老鲍都拉着社工话家常。社工也经常为老鲍带去一些身边新鲜的资讯和新闻，但是长此以往也只是治标不治本，要让老鲍真正寻找到自我价值、建立自信心，还是要回归社会，依靠社会网络的力量。

因此，社工与社区、居委会及志愿者联系，帮助他建立了一个社区支援网络。社区居委会工作人员及社区志愿者也会定期到案主家进行走访，或者通过读报、发放社区资料等方式传递一些新的信息，既打破了案主与外界的隔绝，又建立了新的人际的关系。

六、成效评估

在整个服务过程中，社工通过不断深入开展工作逐步取得了老鲍的信任，并运用专业个案工作方法与技巧，对老鲍所出现的一系列不良情绪反应做出及时的回应及解决，让老鲍感受到了尊重及安慰。同时社工也充分利用了相关的资源为老鲍提供服务，帮助老鲍解决了基本生活照料问题。经过一段时间的服务后，不仅老鲍认可了社工及志愿者的工作，连朱阿姨也对社工的工作态度点头称赞。朱阿姨说现在老鲍每次都会盼着社工和志愿者来，有时候等的时间长了，老鲍也会主动询问怎么还没有来。

而老鲍自己也注意到了自身状况在发生着变化：他觉得自己现在整个人精神状态也清爽了，以前一直闷在家里，没人说话，心情时不时很烦躁，会发脾气；现在大多数时候心情都很好，和社工以及志愿者聊天的过程也很愉快，自己的健康状况也有所好转。

七、反思与建议

案主因事故从原本健康的老年人一夕之间变成了生活无法自理的残疾人，心理落差巨大，产生了严重的自我价值失落感，自卑的心理令他封闭自我，隔绝与外界的交流，产生了一种强烈排外的自我保护机制。这种自我保护机制是人在受创后的本能反应，就好比受外伤后留下了一个巨大伤口，有些人会选择把它捂起来不让别人窥见，也安慰自己时间会治愈它。然而不知不觉，这个伤口会溃烂发炎，最终一发不可收拾，使人长期处于痛苦中。而社工针对此种情况，要做的就是把伤口撕开，暴露在视线下，消毒缝针上药，这个过程虽然很疼，但是过后很快会结痂愈合，不见斑纹。

因此，在服务过程中，一方面是引导其正视自我残疾状况，鼓励其积极配合康复治疗；另一方面，在交谈时，要注意引导及控制案主情绪，帮助其合理疏导心理情绪，重建自我价值感及自信心。同时，社工需进一步加强社会对案主的支持系统，更好地利用案主身边的社会资源，为案主提供一个良好的自助环境，协助案主进一步改善自身状态，重新回归社会群体。

督导点评

在残疾人服务中，尤其是后天意外残疾的人一般很难接受生活的巨大落差，如何帮助案主接纳现实成为一个重要服务内容。本案例中，社工在具体服务方法上有意识地采用了生命回顾疗法，帮助案主在过往生命事件中重新发掘生命意义，逐步建立生活信心；从而帮助案主逐步打开自闭的心扉，向外在世界开放自己。特别值得赞扬的是，社工还为案主建立了一个支持网络，从而更多地帮助案主建立与外在世界的多重链接。

值得注意的是，本案例中提到了案主饲养了很多宠物。现实中很多人会把宠物作为一种寄托，社会工作专业上也开发出了宠物疗法，建议社工可以在案主和宠物之间尝试建立更加积极有效的互动关系。

案例名称:“我帮你”阳光牵手行动

承接机构:嘉定区关爱残疾人康复培训中心

车库中的绝望眼神

——残疾人维权个案

维护残疾人的合法权益是社会主义法制建设和人权保障的组成部分。但由于种种原因,目前社会上侵犯残疾人合法权益的现象仍时有发生,有的还相当严重;有些残疾人还不懂得运用法律武器维护自身权益。那么,我国对残疾人的特别保护有哪些?当他们的合法权益受到侵害后又要如何维权呢?

残疾人依法享有生活特别保障权,受教育特别保障权,劳动就业保护权,精神、文化、生活保障权,社会福利和物质帮助获得权以及司法特别保护权等。残疾人的公民权利和人格尊严受法律保护,禁止歧视、侮辱、侵害残疾人。为保障残疾人权利的实现,国家还规定从康复、教育、劳动就业等方面对残疾人进行特别扶助,并且每一方面都确定了相应的法律保障。例如,生活确有困难,没有条件从事劳动、鳏寡孤独、无生活来源的残疾人,有权获得国家、集体等多渠道给予的社会救济和困难补助;残疾人的监护人必须履行监护职责,维护被监护残疾人的合法权益。残疾人的法定扶养人必须对残疾人履行扶养义务。侵害残疾人的合法权益，造成财产损失或其他损失、损害的，应当依法赔偿或承担其他民事责任等等。

——摘自《东方法眼》

一、案例背景

案主任女士，今年66岁，老伴戴先生67岁。他们有两个儿子。老两口都是工厂工人，已退休在家，退休工资只有几百元。任女士先天不能说话，再加上由关节炎导致的失聪和行动不便无法下床。戴先生因为年轻时做工不甚导致左手残疾。戴先生每个星期要买药回来煎，任女士下雨或阴天就全身痛。

由于老两口的年纪大了，生活自理能力差，于是他们就想和大儿子住在一起，好有个照应。但是儿媳妇不同意，也不照顾老人，让老人们住在车库里，大儿子找他老婆交流过，可最终听了老婆的话，只能妥协让他父母住在车库。由于小儿子工作在市区，住得很远，几乎不来看望老人，老人对此感到很悲伤，也很无奈，近乎绝望(案主的家庭权力结构见图6-1)。

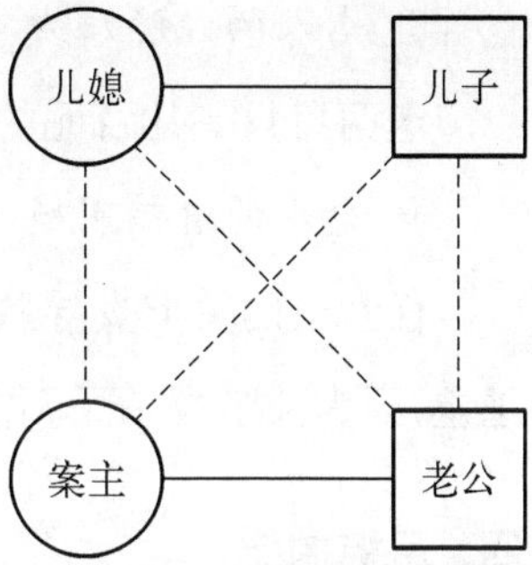

图6-1　家庭权力结构

二、理论基础

本案例采用结构家庭治疗理论。

社会学理论认为，人的早期社会化过程主要是在家庭中完成的。人的早期社会化对人的一生有至关重要的影响。家庭治疗法以此为依据，提出应以整个家庭为治疗单位，通过改变家庭的结构与交往方式来发挥家庭的功能，从而使个人问题真正得以解决。

具体地说，结构家庭治疗法是以家庭为治疗单位，以改变与家人的交往方式为目标，运用系统理论、学习理论、沟通理论去了解案主的家庭组织结构及成员互动方式，运用心理分析理论去了解案主的个人心理状态。

三、问题预估

1. 老人权益被侵害问题

鉴于儿媳和儿子的行为，侵犯了老人的权益，这属于违法行为。《中华人民共和国残疾人保障法》明确规定：监护人必须履行监护职责，维护被监护残疾人的合法权益。残疾人的法定扶养人必须对残疾人履行扶养义务。

2. 儿媳与儿子的不孝顺行为

由于老两口的身体不是很健康，儿子们嫌他们是累赘，都不愿意去照顾他们，都相互推卸责任，导致老人很伤心，所以来找社工寻求帮助。

3. 老人的经济压力

老两口只有几百元的退休工资，任女士每个月买药要花费 300 多元。

4. 老人的看病问题

任女士的关节炎导致她不能走路，常年要靠中药来补养。身体也越来越差，因为关节炎怕风不能出门，所以看病就是一个比较麻烦的问题。

四、目标制定

(一) 总目标

维护残疾人权益，缓解家庭关系，提高健康水平。

(二) 具体目标

1. 增强案主的自我维权意识，学会自我保护。

2. 提高与儿媳之间的有效沟通能力和沟通技巧，联合居委会教导儿子们要孝敬父母。

3. 联合本项目给老人提供一次性卫生用品和药物等，如尿不湿、尿垫、消毒液、消炎药等。

4. 整合资源帮助老人解决就医问题，联系医生上门服务。

五、计划设立

1. 接案与建立关系

案主作为主动求助者，初次会谈时，社工要多倾听，了解其问题，对其情绪表示理解，并根据会谈内容做出初步评估：案主的情况在本机构服务范围之内，与服务对象达成工作协议。

2. 收集资料与问题判断

根据访谈信息，社工多方面去收集案主问题的相关资料，从中了解问题的成因，确定问题的性质，找到解决问题的突破口。

3. 制定目标与工作计划

当明确案主的问题后，就可以制定明确的目标和具体的实施方案。这一阶段，社会工作者与她签订工作协议。

4. 服务计划的实施

这一阶段变数较多，但仍要把握一些基本工作要求，要支持、鼓励案主，疏导其不良情绪，帮助她获取和争取合适的资源。

5. 结案与评估

社会工作者结束与案主之间的关系，对整个服务过程进行回顾、总结和评估。

六、介入理论

社工在对案主权益被侵犯及家庭问题的干预中主要运用了两种理论。

家庭治疗理论。家庭社会工作的特点就是以整体家庭为取向作为问题评量和介入的重点。该理论认为，每个家庭成员的行为都是与家庭、家庭成员互动的结果，个人的问题可能是家庭的问题。家庭治疗理论以整个家庭为治疗单位，着重于家庭成员间的互动关系和沟通问题。在该理论的指导下，社工试图通过改变家庭结构来帮助案主解决问题：一方面与家庭成员进行单独会谈，协助建立良好的家庭互动模式，从而从根本上解决整个家庭的问题，促进家庭的良性运转和家庭成员的身心健康；另一方面，社工针对案主家庭情况，采取家庭会议的方法，整合案主亲人、朋友等资源。

马斯洛需求层次理论。该理论把需求分成生理需求、安全需求、社交需求、尊重需求和自我实现需求五类。而案主需求以医生上门服务和帮助解决一些看病的费用为主，这些属于生理需求以及安全需求。通过帮助案主解决这些问题，来帮助他们缓解压力，增强自信。

七、服务过程

1. 第一次服务(2015 年 3 月)

面对主动来事务所求助的案主及其老伴，社工耐心地倾听他们的诉说，帮助其稳定情绪，消除悲观心理，并建立了信任关系，达成服务协议。为了更大范围地搜集案主的基本资料、更深层次地了解任女士和戴先生的家庭矛盾、看病问题，社工以开放式的提问启发戴先生诉说，来分析出他的家庭关系变成这样的原因。并运用心理社会治疗模式，借助“人在情境中”的基本原理将心理和社会因素结合起来，有效整合直接和间接的社会资源，制作家庭结构图，帮助其认识和分析家庭生活、家庭结构、成员关系及与社会系统关联等，深入审查家庭问题，寻求更好的方案以帮助家庭进行建设性的改变。在此环节中，社工去到案主家里，主要缓解案主和她老伴的情绪，给其灌输残疾人维权意识。初步制订解决方案和服务目标，并做好记录。

2. 第二次服务(2015 年 4 月)

第二次见面时问案主有什么需要。这一次主要是走访她的儿子，和他面谈，首先说说老两口的权益问题，对其明确指出：残疾人的监护人必须履行监护职责，维护被监护残疾人的合法权益；残疾人的法定扶养人必须对残疾人履行扶养义务。并询问案主两个儿子的想法，告知他们的行为是触犯法律、违背伦理的。其次运用理性情绪治疗法疏导两个儿子的消极想法，纠正其错误的思维模式，并结合角色理论，分析其该承担的角色义务，并分析利害关系。在疏导案主儿子方面，社工以家庭会议的形式展开，一家人坐在一起自己商量，看看怎样更好地照顾老人，给他们一个幸福的晚年生活。

3. 第三次服务(2015 年 5 月)

这次解决的是老人看病困难的问题。为解决这个问题，社工引入“我帮你”阳光牵手行动，这个项目主要帮助重度瘫痪残疾人，并给予一次性卫生用品，如尿垫、集尿袋、消毒液等。这个项目和任女士的病情比较符合。可以整合“我帮你”阳光牵手行动这个平台的资源，帮助任女士解决一些简单的医疗用品缺少问题。这样第二个目标基本可以达成了。同时，案主的儿子和儿媳也需给予案主及其老伴一定帮助，两个儿子每月都给老人 1 000 元生活费。

4. 第四次服务(2015 年 6 月)

社工通过整合资源，与嘉定区迎园医院沟通协商，让具有专业资格的医师和服务对象结对，上门给任女士和戴先生进行体检，做一些简单的用药指导与医疗护理指导。这样就解决了戴先生他们就医难的问题了。同时要帮助他们协调好服务时间等相关问题，且要戴先生和他的家人给予配合，并做好记录。

5. 第五次服务(2015 年 7 月)

看望两位老人，了解他们现在的生活状态和改变。让他们谈谈感受，并做好反馈表。正式与案主结案，并和他们说清楚相关问题。并让他们说说志愿者以及社工的服务态度和自己的要求有没有达到，同时做好记录。

八、评估与结案

1. 评估内容

(1) 案主的基本目标完成了多少。

(2) 社工对案主的服务态度怎么样，志愿者的工作效率怎么样。

(3) 案主对社工有没有什么不合理的要求和一些不配合的情况。

(4) 每个具体目标的完成过程中有没有遇到什么困难。

2. 结案

回顾整个计划,案主所存在的问题主要是残疾人维权及家庭问题。经过社工上门多次与案主儿子、儿媳面谈,动用社区居委会力量,一起对其进行残疾人法律知识的宣教,让其明白自己的行为是侵犯了老人的权益的。之后他们表示愿意好好对待老人,也知道他们的行为是违法的,侵犯了案主的权益,最后愿意和他们同住了,且"我帮你"阳光牵手行动的项目中提供的医疗服务也保障了案主的健康生活水平,所以基本达成目标,可以结案。

九、专业反思

1. 初次面谈要多收集服务对象的资料,了解清楚案主的家庭环境和家庭基本情况。了解案主接受服务的意愿,尊重案主自决,挽救危机。

2. 社工采取危机干预,协助案主召开家庭会议,整合身边资源,动用居委会的力量宣讲残疾人维权意识,并化解家庭矛盾。会议上,案主和老伴客观讲述目前家庭情况,社工用情境分析说明家里情况和利害关系。

3. 残疾人维权是迫在眉睫的问题,像上述案例中的残障人士还有很多,这些弱势群体的权益应该被重视,社会应该加大宣教力度。

督导点评

这个案例非常值得关注,多数情况下对残障人士的服务主要停留在基本生活的保障上。本案例最可贵的是,将残障人士视为一个正常主体,强化残障人士权益的正常维护。此外,本案例中侵害残障人士权益的主体是其家人,因此,社工正确运用了家庭治疗等相应方法,从而最终顺利解决了案主的问题。

项目名称：中途之家

承接机构：嘉定区新城路街道残疾人服务社

扬帆起航　绽放生命

——脊髓伤者康复个案

一、案例背景

（一）接案

2011年年初，嘉定区成立了“中途之家”公益项目。目前“他”是伤友小组中的总策划者，也是嘉定区脊髓伤者中的领头羊，更是一名慈善事业的践行者。“他”就是七年前通过全区脊髓伤者调查摸底发现的案主。

（二）案主资料

案主老何，男，52岁，大专学历。

1. 案主性格：案主性格偏内向，自尊心强，受伤致残20年使其人生观、价值观发生了根本的改变。1983年，案主光荣参军，成为当地参加越南战争的20名战士中的一员，三年参军期间一直在指挥所当一名通讯员，战争结束后平安回乡。之后，在供电所就职，工作中的一场高空坠落事故打破了原本幸福的家庭，从此改变了他的人生轨迹。脊髓损伤后，案主成为一名高位截瘫患者，终身需要被照顾，这巨大的心理落差使案主产生了很强烈的自卑感,使其认知、行为和需求等心理活动处于一种矛盾、冲突的状态。

2. 家庭背景:受伤后离异,母亲健在,目前与儿子、儿媳、孙子共同生活。案主原本拥有一个完整幸福的家,但因受伤致残后主动与爱妻提出离异,儿子随他生活。

3. 康复情况:1997 年受伤,受伤后的一年半内接受了 3 次大手术,在上海总工会疗养院进行过康复训练。肢体一级残疾,颈椎五、六、七节损伤。

二、问题预估

(一) 案主的背景分析

1. 案主属于高位截瘫。工伤后自我康复意识强烈,但脊髓损伤的康复是个漫长的过程。案主长期脱离社会关系,回避社交,特别是涉及较多人际交往的活动,他害怕被人取笑,自感无能,过分焦虑和担心,也逐渐害怕社交场合,"焦虑性人格障碍"在其身上表现得十分突出。

2. 家庭支持系统。家庭的支持系统较为完整,父母对其不离不弃,但青壮年时期受伤,而后离异,家庭的变故,使其有些悲观。

(二) 案主的社会环境

老何曾经是一名陆军。他乐于助人,是战友中的"总联络员",但伤残后便脱离了社会,社交圈子变得狭窄,比较封闭,其本人有一种自卑的感觉。

康复动力与毅力:

(1) 康复信心不足。老何受伤位置在颈椎,康复难度高,多次手术以及后期康复理疗也未见重新站立起来,对今后能否走路更是失去信心。

(2) 内心的担心和焦虑。老何担心这辈子都需要他人照顾,在如何度过漫长的康复以及经济等问题上产生焦虑的情绪。

三、工作目标

(一) 总体目标

促成案主的生理康复、心理康复以及社会功能的恢复。

(二) 具体目标

1. 生理康复的介入目标

(1) 协助老何合理运用康复技巧进行两便管理。

(2) 帮助老何制订每日康复计划。

2. 心理康复的介入目标

(1) 提高老何的自我意识及自我效能感。

(2) 与老何共同面对在心理康复过程中可能出现的问题。

(3) 完成心理康复的一些康复治疗。

3. 社会功能恢复的介入目标

(1) 强化康复的重要性。

(2) 增强老何抗压能力及自我肯定的能力。

(3) 实现老何社会功能的恢复,体现其自我价值。

四、介入策略

(一) 生理康复的支持性策略

1. 从个性化出发开始介入服务,界定他是个脊髓损伤者。

2. 针对"焦虑性人格障碍"的心理特征制订康复方案。

3. 制订自我康复意识与家庭治疗相结合的康复方案。

4. 以亲情为切入点,依靠家庭的支持,帮助老何在家康复。

5. 引导老何使用"自我激励性语言"。

(二) 心理康复的强化性策略

1. 了解老何康复的环境及面临的困难。

2. 调整方法,增强社交频次。

3. 认清自我价值。

(三) 社会功能恢复的促进改变策略

1. 相信人都有积极乐观的潜能,都是有尊严的。

2. 尊重其价值,发挥其潜能。

3. 引领其进入主流社会，恢复社会功能。

五、服务过程

（一）生理康复的服务过程

1. 服务计划

(1) 激发、强化老何的军人毅力和勇气。

(2) 用同理心感受老何在生理上所经历的痛苦。

(3) 分享其他脊髓伤者自强不息的精神。

(4) 在服务过程中进行交流和鼓励。

2. 具体的介入与分析

(1) 接纳自我，再造服务对象自我系统

因为社工服务的群体都是脊髓损伤者，因此在服务过程中社工要求自己坚持同理心，站在老何的视角来看问题。社工的工作用语是"相信你是可以重新站起来的""我们支持你""我们保持联系"。

首先，以社工的服务经验来看，一位从正常生活、就业到现在需要他人照顾的案主，其生理和心理的落差感是巨大的，而如何去正视它，并使其真正接纳伤残后的自我，是本次服务的重中之重。这需要案主本人、其家人和社工共同完成，可以采用"康复＋陪伴"的方式。于是，当老何放弃自我康复锻炼的时候，母亲鼓励其"再坚持一会儿"，并告诉他只要坚持就有希望，保持积极向上的心态一定可以创造奇迹。在家人的鼓励和陪伴下，老何积极进行康复锻炼，坚持每天早上5—10点做康复操，晚上站立、按摩，每天坚持6小时以上的康复锻炼。他以军人的标准进行自我康复管理，他说："不锻炼就等于放弃自己，不坚持等于放弃生命。"他一直激励着自己。

(2) 自我激励，重建康复信念

用"回顾疗法""愿景设想"等方法来激发他的自我价值感，降低其自我放弃的念想。其中用得最多的技巧是"重复适应性自我对话"，其目的在于帮助他建立积极的信念。例如，让他自我重复"今天我一定要坚持康复锻炼”。到了明天继续对自己说这句话。还有表述“愿望，就是能够！只要我有决心，我就一定能够重新站起来”等自我鼓励的话，让他重复这类积极的信念，使其融入自己的信念系统，增强康复信念。由此使老何渐渐地了解，在社工的服务中需要他产生的是坚持康复锻炼的决心和主动康复的意愿。

(3) 关注亲情，构建家庭支持系统

在此过程中，社工有意识地发挥亲情的作用：有一张他和母亲在康复医院拍摄的合影，我们时不时地拿出来分享，那幅甜蜜又温馨的画面，令人倍感温暖。在中秋节时分享一句给亲人的祝福，他说：“20多年在母亲的照顾下生活，如果用一句话来形容的话，这种表达是苍白的。”他对母亲的爱已经无法用语言来形容了。

家庭支持系统的建立和介入，赋予了老何战胜自己的能量。

(二) 心理康复的服务过程

1. 服务计划

(1) 支持与肯定。

(2) 强化康复的重要性、重建信心。

(3) 制订促进改变的策略和计划。

2. 具体的介入与分析

助其自助，重建服务对象的生活系统。

在心理康复的过程中，社工从提高案主的自我康复意识开始，增强他的社交技能，提高其适应环境的能力，不断激发他的康复意识，消除或克服他的心理障碍。与此同时，对他进行了认知改变、强化康复意义等服务。根据“认知过程影响情感和行为”的理论，引导他进行认知的重建，改变了许多他受伤之后的不良情绪。

对于残疾人来说，自卑、不愿意走出家门的心理非常常见，这是康复的主要心理障碍。在这一阶段，社工和老何共同探索了他内在的价值观，以解决他的矛盾心理；改变他的自我认知，不要给自己贴标签。另外，社工还设定了目标，制订了康复计划，进行有效的康复训练，学习应对心理渴求的技巧等。

通过一系列的学习和训练，老何的自我效能感提高了，并产生了有效控制、应对康复的信心。

老何开始恢复往常的仪表和精神面貌，并开始走出家门，在小区内活动了，他的内心世界也变得丰富了，并愿意主动与老战友联系了。

（三）社会功能恢复的服务过程

1. 服务计划

（1）调整环境。

（2）加强社交圈。

（3）激发他实现自我价值的愿望。

2. 具体的介入与分析

脊髓损伤至今为止仍是医学难题，其康复是一个漫长的过程，完整的康复需要生理、心理和社会康复。从开始自我康复的那一刻，老何通过改变伤残后的认知和自我康复模式，进入了社会功能的康复阶段。

（1）重塑服务对象的自我价值感

根据马斯洛的需求层次理论，人的最高层次的需求是实现自我价值。在伤友互助小组中，老何从一开始的参与活动到积极主动策划活动，这一改变是巨大的。前不久，有一名组员在小区内不慎被车撞倒了，他主动和其他成员一起去探望她。当其他组员心情不好时，他愿意当一名聆听者倾听他人生活中的不易……久而久之，他成了组员眼里的“家长”，有他的地方就有“中途之家”。

（2）回馈社会，传递公益“接力棒”

经过多年的康复，老何不但自己重“心”站了起来，而且他也时刻关注贫困山区孩子的教育，他不仅在云南为贫困山区的孩子们建了一所图书馆，还陆续资助了9名孩子上学，与其中的3名大学生至今仍保持联系。他希望为社会尽一份绵薄之力。

六、服务成效

七年来，曾经“被动康复”的老何，如今摆脱了依靠家人协助康复的状况，完成了自己独立康复的过程，而且还融入了社会，恢复了其社会功能——照顾自己、关心同辈、回报社会、积极融入社会。在人际交往中，老何能够满足他自我实现的需求，并能合理地扮演各种社会角色。

老何除了参加社区活动外，还隔三岔五约上伤友或者朋友出门旅行，通过小镜头把外面的大世界带到重度伤友的家中，使长期卧床的伤友们可以感受到社会的发展，人类的进步。通过同辈群体的影响力，逐渐地，老何带动了部分伤友，鼓励他们即使出行不便，也可以过正常人的生活，同样生活得有滋有味。

(一) "中途之家"是"我"的第二家园

"中途之家"给予"我"重生的信念。意外令"我"的人生发生巨变，但"我"可以借此蜕变成更有担当、更有责任感的一个人，因此，"我"一定要坚强地生活下去，过自己想过的生活。

(二) "我"要坚持下去，去创造一个属于"我"的奇迹

你知道吗？在"我"最艰难的时候，当"我"想放弃每日康复的时候，"我"想到了你们(社工、"我"的母亲……)，于是，"我"对"我"自己说："你要坚持下去，去创造一个属于你的奇迹。"

(三) "我可以"

为了重新获得生命的尊严，"我"以超出常人几倍的努力进行康复锻炼，今天"我"终于可以站起来了，再一次证明"我可以"。今后"我"将以一名残障人士的身份，去做一名志愿者，去发现身边的无障碍设施是否合理，让更多的残障人士能够真正受益。也让自己和家人投入到公益事业中去。

(四) 谢谢你——"我"的团队

谢谢"中途之家"的团队，让"我"摒弃自卑、忧郁、依赖的心理包袱，让"我"领略了生命真谛。

从案主的康复情况来看，此个案所制定的工作目标基本完成。社工发现案主在认知(自我接纳伤残的情况)、社会(与他人相处、与家人关系融洽)、情感(对生活的满意程度、关心他人、情绪、信心、对未来的打算)等方面

已经进入正常轨迹。

七、专业反思

（一）针对不同类型的服务对象，以不同的工作方式进行服务，也许更能体现社工在服务过程中的专业化和个性化。

（二）脊髓伤者的康复不仅仅局限于生理康复，更重要的是社会康复。

（三）我们不能把脊髓伤者视为弱者，他们身上同样具有潜能，而我们所要做的就是相信他们能够在社工和家人的鼓励下走出阴霾、重获新生。

（四）从价值观方面来说，帮助别人可以使自我产生心理愉悦和体现自我价值，在“伤友互助小组”中，案主担任策划总监，更让社工和同伴见证了他的成长和发展。

（五）通过本个案，笔者觉得今后在制订工作计划时，可以让案主充分地参与其中，激发其主观能动性，更好地提高其内在的改变动机。

八、社工感悟

七年的社工之旅，就像一列驶向目的地的列车，经过一站又一站，每一站都有不同的风景，每一站都有不同的感受……

督导点评

这是一个很成功的个案。在此个案中，社工很好地演绎了“助人自助”这一社会工作的专业理念，使得案主不仅从一个受助者变成了一个自助者，而且还成了一个助人者。

个案服务过程中，社工一是紧紧抓住案主是军人这一特点，围绕军人毅力“做文章”，激发案主内在潜质；二是反复使用“正强化”的专业方法，坚定案主的信念，激励案主坚持康复训练；三是运用“同伴教育”，树立案主成功地站起来的典型案例，激励其他同伴建立康复信心。

建议：总结案主成功的经验，扩大榜样的影响力，惠及更多的伤友。

案例名称：阳光居家养护
承接机构：嘉定和谐家庭服务中心

鼻尖上的舞曲

——社会支持理论下的脑瘫女孩成长

引言

“尊敬的领导你好，谢谢你来关心我，本来我一个字不识，本来我情绪非常低落，自从陆阿姨（‘阳光居家养护’项目志愿者，编者注，下同）来了以后，我有的（了）希望，她（是）给我希望的人，她特意去安亭书店给我买了拼音卡片，开始（教我读书学习），她耐心教我识字，有时候我的心情不好，她总是及时出现在我的身边给我安慰和鼓励，每当我做（了）错的事，她总是教育我，我听她说完以后，我（会）改掉……”

——嘉定区“阳光居家养护”项目服务对象君君

这是一个真实的故事。主角是位可爱的女孩，名叫君君，今年20岁。20年前，她降临这个世界时，因为在母亲腹内缺氧而导致一出生即患上“脑瘫”。随着年龄的增长、智力的发育，她与正常人一样，渴望读书，渴望与人交流，渴望被人关注。然而，命运给她的却是残疾的双手和不能行走的双脚。更可悲的是，她不能讲话，无法与人交流。她的父母在她 2 岁时又生了弟弟，从此她远离父母的怀抱，与农村的爷爷奶奶相依为命。生活的不如意，曾经让她变得心情焦虑、烦躁不安，她折磨自己，想自杀。可是，她想自杀的唯一方法，只有用牙齿咬手腕上的血管，用头撞家里的橱柜……她很痛苦，希望能有一种方式跟这个世界交流，让大家了解她。

于是，她想读书，想识字。

可有谁能让她读书呢？爷爷奶奶不识字，请家教又哪来的钱？

正当无奈之时，嘉定区和谐家庭服务中心安排了志愿者，为她送去关爱。一开始，志愿者只是按照服务要求提供基本的生活照料服务。但是君君的痛苦让志愿者深深地触动和焦急，她决定自己试着帮助君君。她自己跑到新华书店，买来拼音卡片。从学拼音开始，一点点教君君读书认字。君君很兴奋，也很珍惜这得来不易的学习机会，学得特别努力。很快，她掌握了许多拼音和文字，也懂得组织语句。但是她手不能写，还是无法表达。于是，家里给她买了个平板电脑，她学会了用鼻尖打字。

从此，她穿越了时间的隧道，进入了她的梦想世界。她建立了 QQ 群，常常与人聊天到深夜；她加了微信，微信好友越来越多了。她变得乐观、开朗、自信，笑容常常挂在她的脸庞。她学会了网上购物，还想在网上开店……

她勇敢地与命运抗争，她是真正的强者。

当语言不能成为她的工具时，她学会了用鼻尖与这个世界对话！

一、案例背景

案主姓名：君君

性别：女

年龄：20 岁（以接案时间为基准）

个案发生时间：2013 年 6 月

接案形式：社工自主发现

（一）案主基本情况

1. 生活经历

案主为上海嘉定区人，未婚，1993 年 4 月出生，因母亲难产导致案主在胎内时间过长、吸入羊水而造成脑缺氧。经医院抢救得以生存，后确诊“脑瘫”。她不能说话，四肢萎缩、外翻、畸形；从 2 岁起，发生全身痉挛、肌肉僵直，直至 15 岁，这一症状才慢慢消失；日常生活依靠爷爷、奶奶照顾；未曾上过学，但智力、生理发育与正常人相同。

2. 家庭图谱

案主家有爷爷、奶奶、父母、弟弟。2 岁时母亲生了弟弟，因为工作在嘉定城区，从此与案主分开居住，她与爷爷、奶奶住在嘉定区安亭镇方太农村老房子里。2011 年老房子动迁，案主家以抽签的方式分到一套 5 楼的动迁房，于是与爷爷奶奶一起住进了 5 楼公寓房。

3. 身体状况

案主爷爷、奶奶从没放弃对她的治疗，但是要去上海市区看病太不方便。于是，案主的爷爷去浦东一家康复医院学习推拿和按摩治疗，并且每天为她进行穴位按摩和推拿，每天 20—30 分钟。案主 15 岁那年全身痉挛的症状消失了，并能站立约 1 分钟，外翻的四肢也有所好转。然而，生活还是无法自理。

4. 情绪状况

案主为“脑瘫”患者，不会讲话，无法与人交流。随着年龄的增长，她与正常女孩一样发育成长，青春期的懵懂，心中的渴望，这一切都得不到回应。于是，案主情绪波动越来越大，表现出强烈的消极厌世情绪。然而，她连自杀的能力都没有，自杀的方法只能用牙齿咬手腕的血管，在她的手腕上可见深深的牙齿印痕。

5. 经济状况

案主家庭经济拮据，她本人有近千元重度残疾无业的补贴；爷爷奶奶为农保退休，每月各有 1 300 多元的退休金；父母均为普通职工，要供弟弟读书。

(二) 案主的问题及需求

1. 生活照料

案主生活无法自理，无论是吃饭、穿衣、大小便等，完全依靠爷爷奶奶照顾。

2. 心理因素

案主无法与人交流，随着年龄的增长，她希望被人关注。她看上海电视台的节目《帮女郎》和《大家帮侬忙》栏目，让家人打电话求救，却得不到回复。因情绪无法纾解，半夜会发脾气，从床上滚落到地上，并用头猛烈撞击地板试图自杀。她内心非常渴望与人交流与沟通。

3. 身体因素

由于案主的病症无法根治，唯有依靠家人帮助，对身体机能进行强化锻炼，寄希望在原来的基础上得以缓解。

4. 社会因素

案主居住在5楼，从不出门，很少与他人交流。家里除爷爷奶奶外，父母、弟弟很少看望，为此案主的社会支持非常薄弱。

5. 情绪因素

案主因自卑，缺少安全感、归属感；缺失父母的关爱，对父母有怨恨情绪；随着年龄的增长，需求得不到满足，其情绪越来越不稳定，经常自残。

从以上五个方面的情况来看，社工在本案中的主要作用：运用社会支持理论达到增能效果，帮助案主解决心理情绪问题，创造新生活；释放案主的情绪，缓解案主的心理压力，帮助案主注入希望，寻找生存的价值感。

二、服务目标

(一) 总体目标

帮助案主正视自己是残疾人的现实，建立积极的自我形象；帮助挖掘案主自身潜力，丰富生活的内容；帮助建立社会支持网络，更好地融入社会。

(二) 具体目标

1. 与案主建立良好的专业关系,进行情绪疏导。

2. 帮助案主战胜自我,正视残疾的现实,建立积极的自我形象。

3. 帮助案主挖掘自我潜能,学习文化,扩大交友圈,重建社会关系。

4. 加强康复锻炼,增强生活自信心。

5. 帮助案主与家人进行情感交流,增强家庭成员共同解决问题的能力。

三、介入策略

社会支持网络理论认为:社会支持可帮助个人采取积极的态度去面对困难;可帮助个人融入社会,强化个人的心理及生理健康;可帮助个人与社会互动,解决所面对的问题。

社会支持网络的主要目标有以下几方面。

第一,生理功能康复。在家庭康复中,得到家庭成员的帮助,通过机能训练,改善生理功能。

第二,消除从前失败主义依赖心态,树立自主意识。在社工、家属的帮助下,克服自卑感,增强自信心,勇敢面对残障的事实,积极投入生活。

第三,提高解决问题的能力。在社工的帮助下,提高知识水平,学会自己处理一些问题。

第四,提高表达及应对能力。通过社会交往,减少个人封闭状态,扩大社会交往。

第五,发展自身潜能,实现自我。克服残障的不利因素,发挥自身特长,有所创造和发明。

社会支持网络工作模式的思路与过程是:整合社会支持资源,形成相互联系的支持网络,提高支持的整体效能→传递社会支持,帮助弱势群体建立自己的社会支持网络→被支持方通过网络摄取各种社会资源→被支持方自主开展互助与自助,解决自身的困难。这种个人社会支持网建立与完善的过程,实际上就是弱势群体个人增能的过程。

四、干预过程

2011年4月的一天，嘉定区和谐家庭服务中心的社工带着志愿者走进了案主的家，她是嘉定区“阳光居家养护”项目第361名服务对象。只见女孩蜷缩在轮椅内，目光呆呆地看着笔者。她奶奶向笔者诉说起了女孩的故事。

那是1993年的春天，案主的母亲在医院两天三夜未能生下她，因为难产滞留在母亲体内造成脑缺氧，经医院抢救得以生存，三个月后医院通知出院，并诊断为“脑瘫”，终身无法医治。这一消息犹如晴天霹雳，让全家人感到了绝望。然而，爷爷奶奶舍不得，悄悄地把孙女抱回了家，从此这个家庭背上了沉重的负担。

案主不会讲话，四肢蜷缩、外翻、畸形，从2岁起经常发生全身抽搐、肌肉僵直，每次持续约半小时。每每见此现状，一家人更是欲哭无泪。在治疗无望之下，父母又生了弟弟，在城里找了工作，于是带上弟弟离开了农村。

案主与爷爷奶奶一起生活，为了减轻案主的病状，家人四处求医。爷爷去上海浦东一家康复医院学习推拿和穴位按摩，每天为她按摩和推拿20—30分钟。十几年如一日，功夫不负有心人，案主15岁那年全身痉挛症状慢慢消失。这一变化无疑给全家人燃起了新的希望。此时的案主也会发出笑声，说来也怪，尽管案主不会说话，但她的笑声却和正常女孩一样甜美、一样清脆悦耳。看到她的笑容，爷爷奶奶的劳累也减了几分。

2011年5月，案主居住的农村房子拆迁，抽签分到了一套5楼的动迁房，原本艰难的家庭，因居住高楼而更加生活困难了。爷爷在小区搞卫生，补贴家庭开支，奶奶照料案主的生活。由于无法出门，案主只能整日与电视机相伴。随着年龄的增长，案主与正常女孩一样生长发育，听力、智力同正常人一样。

2013年初，她看了上海电视台《帮女郎》节目，让家人拨打电话寻求帮助，一次、两次、三次……但都没有回应。于是她又打给上海新闻综合频道《大家帮侬忙》栏目组，希望有回应。然而，她不能讲话，不识字，怎么沟通？

此时，嘉定区残联和安亭镇残联知道情况后，专门为她配送了一台爬楼机，解决了案主每天外出难的问题。她终于可以走出家门，到小区散步，与小区居民接触、聊天。

然而，这一切似乎都不能满足案主内心的需求。她无法与人交流和沟通，她感到无助与无奈，她觉得活着带给她的是无尽的痛苦，她想去死……可是，她连死的能力都没有。半夜里她从床上滚到地上，拼命用头磕地板，用牙齿咬手腕上的血管，斑斑牙印刻在手腕间，她开始绝食，几天几夜不吃不喝。爷爷奶奶看着孙女干着急，一筹莫展，学校不能去，家教请不起，怎么办？

2013年的6月，社工意识到用文字表达是案主唯一可以借助的沟通方式。于是想到了教案主认字的方法。社工把这一想法告诉了案主，她高兴地笑了。于是，社工与案主商量拟订了学习计划。社工从新华书店买来了拼音卡片，开始了特殊的教育。每晚定于18:00—19:00上课，学习方法是社工教字母，让案主心里默读，判断是否掌握的唯一方式是案主的点头与摇头……可想而知，这个过程极其缓慢，但是却慢慢让案主心里生出了希望之花。自从学习后，案主就像变了个人，再也不吵不闹了。每天静静地等待社工的到来。就这样，在社工的努力坚持下、在案主的刻苦用功下，整整2个月的时间终于把26个字母全部学完了。

2013年8月，社工与案主准备了新的学习计划，案主的妈妈从幼儿园里借来一本300篇“看图识字”书籍。每天安排学习2篇，每月要完成60篇的学习任务，将用5个月时间学完这本通俗易懂的教材。有了前两个月学习拼音和字母的基础，对于学习每篇50字左右的看图识字短文，案主显得特别高兴。看着她日益增长的学习兴趣，社工风雨无阻上门教授。就这样，每天学习短文成了案主生活中的必修课，除了学习新知识，还要巩固复习昨日所学内容，不知不觉5个月过去了。然而，如何检验案主的学习成果，却成了社工的一个心结。

2014年春节前夕，社工与案主的父母进行了交流，决定借一个平板电脑供案主尝试着使用。当社工拿来了平板电脑，一边打开拼音键盘，一边琢磨着如何教她使用时，只见案主两眼发光，突然，她用鼻尖飞快地在键盘上飞舞：谢谢陆妈妈，你在我的心里就像我的亲妈妈！寥寥数语表达了案主内心的感激之情。看着眼前这个坚强的女孩，社工紧紧地抱着案主流下了高兴的泪水。

从此，案主打开了通向外部世界的大门。她建立了微信、QQ 群，从家庭成员、亲友到邻里成员等，覆盖了 30 多人。她从个人封闭状态，瞬间扩大了社会交往圈。在人生的道路上，她通过微信、QQ 群的交流，构成了生活中美好的不可或缺的蓝图；她获得了前所未有的交往的愉悦与满足，获得了家庭所不能提供的信息与情感的帮助。

2014 年 11 月，当嘉定区和谐家庭服务中心负责人前往时，案主写了一篇感谢信。字里行间表达了她的感激之情。

然而，如何帮助案主战胜自我，正视残疾的现实，建立积极的自我形象是社工的又一工作目标。这其中家庭的作用，特别是父母的作用是无可替代的。但是，案主表达了她对父母的埋怨，如从小不够关心她、生活上不照顾她等，反映出她从小缺失父母亲的关爱。社工与案主父母进行了交谈，希望他们多与案主沟通。亲情的温暖，父母的关爱会直接影响她回归社会。社工希望案主父母在提升家庭功能的方法上把握三个层次：一是肯定家中每一个成员都需要爱，只不过以不同方式、在不同生活层面去实现；二是要接受案主的优点与缺点，要及时表扬她的优点和成绩，避免谈论缺陷部分；三是创造机会，让彼此的生活都受到鼓励，重新发现家的意义。半年过去了，案主与父母的关系有了改善，在她的 QQ 群里能够看到她与父母和睦相处的喜悦心情，她感到父母和爷爷奶奶一样关心与爱护她。

现在，案主经过长期的家庭康复训练，她的四肢不再那么僵直，肢体外翻程度有了很大的改善；原来只能站立 1 分钟，现在能坚持站立 5 分钟，甚至更长时间；在家人的搀扶下，不仅做到能站立，而且能行走 30 米左右。

更可喜的是，经区残联、镇残联的多次协调，案主原来居住的村还有一间 70 多平方米的平房，该平房原是村委会集体房产，现在成了案主名下的房产了。2015年2月,平房进行了装修,70多平方米的房子宽敞明亮,厨房、卫生间配备齐全,9月12日她就要搬进这个新家了。

案主的梦想是不再依靠家人,她想在网上开店,自己养活自己。我们衷心祝愿案主的梦想早日实现。

五、结果评估

经过一年多的介入与不懈努力,案主学会了用鼻尖写字与他人交流沟通,变得自立、自强、自信;坚持家庭康复治疗使案主的身体状况有了好转,与家人的关系也更加融洽。

(一) 学习文化知识

由社工帮助教授文化知识,制订学习计划,并分三个阶段实施。

第一阶段:学习拼音和字母,用2个月的时间完成。

第二阶段:学习短文,即看图识字,花5个月的时间完成了300篇短文的学习任务。

第三阶段:配备学习工具——平板电脑,能书写500字左右的文章,为其建立微信、QQ群,与人自由交流,丰富生活内涵。

(二) 家庭康复锻炼

坚持家庭型的康复锻炼,增强了生活自信心。

1. 通过按摩与推拿,案主的四肢不再僵直,缓解了四肢外翻、畸形的程度。

2. 从站立1分钟,到能坚持站立5分钟以上。

3. 在家人的搀扶下,不仅能做到站立,而且能行走30米左右。

(三) 社会支持网络

1. 在区、镇两级残联的关心下,落实了一台辅助机器——爬楼机,让案主从封闭在家的环境中走入社区;落实的房子,保障了农村残障女孩的权益,实现了案主居住底楼的愿望。

2. 融入社区,促进了与他人的正向互动,增强了社会适应能力,改善了人际关系，扩大交友圈，重建社会关系，促进了个人成长与发展。

3. 改善与父母的亲情关系，让案主感受到家人的关心和爱护。

六、工作建议

与案主设定的目标已经完成，鉴于目标达成可以结案。但是，后续要跟进的工作还有以下几个方面。

第一，案主梦想在网上开店，表达了想自力更生、靠自己来养活自己的愿望。但是，案主的文化程度只有初小水平，判断事物的能力还较弱，自主创业的经验缺乏。因此，需要专业的机构和人员进行指导和帮助。

第二，案主今年 20 岁，正处于发育生长期。因此，对案主需要做正面引导，让她有正确的认识，能正视自己的残疾。同时，对她要进行青春生理期的教育、家庭与婚姻等问题的教育与引导。

第三，专业康复训练。尽管家人不遗余力地进行康复锻炼，但是，不应局限于痉挛减轻、姿势改善、畸形矫正和步行能力的提高，还应拓展到对案主生活自理能力的培养，心理抚慰、精神和情绪的调节上。因此还是需要有专业机构进行康复指导。

第四，参加同辈群体的活动。同辈群体的成员之间容易产生较高的心理认同感，交往是在自然随意的过程中进行的，常常在彼此相互依赖和随意的冲突中实现彼此的沟通，最终获得心理归属和价值认同。同辈群体是提供个体间交流各种社会信息、看法的平台。其成员可以商讨自己对社会的看法，交流一些为成人不允许谈论的话题，扩大个体社会经验及社会思考力。

七、专业反思

社工认为，在服务案主的过程中，只有运用社会工作专业理念和专业方法，结合案主的实际情况，科学地提供服务，工作才能有效进行，服务方能有所成效。不过，在对案主服务过程中仍然存在不足，以后工作要进一步做好以下几个方面。

第一，在各类残障中，脑瘫是最为严重的残障之一。案主的爷爷奶奶在照顾中更是对案主进行了过分的呵护，人为地阻隔了案主与社会的联系。他们把正在发育中的案主视为“无知生命”，感觉不到案主对电视中的人和事的心理反应，不能帮助及诱导案主克服心理障碍、生理缺陷，更没有挖掘案主潜在的能力。在家庭生活中，社工要及时指导案主家人避免使案主处于封闭的环境中，多为案主创造能与外界交流的机会，并根据案主的具体情况为其选择适合发展的教育方式，使案主在生活中发展自我、完善自我。

第二，案主的爷爷长期为其进行康复治疗，但是，康复不仅是单纯的身躯形态、功能的恢复，即不仅痉挛减轻、姿势改善、畸形矫正和步行能力提高，还包括对案主生活自理能力的培养，心理抚慰、精神和情绪的调节，以促进各项能力的发展，最大限度地减轻残障程度，尽量使案主获得生活自理和接受教育的能力，增强案主独立生存与社会融入的能力。

第三，案主的爷爷奶奶是最为艰辛与痛苦的，他们企盼外界帮助的心情可以理解，值得同情。然而，外界的帮助毕竟有限，全家人齐心协力尤为重要，特别是案主的父母，他们的能量是增强案主自信的动力，而且是无人可替代的。当然，最终排解痛苦和忧愁还要靠自己的努力。社工要指导家长充分注意案主的特点，注重案主的能力开发，减少忧虑，持之以恒。

我们相信，案主的全面恢复，包含社会功能的康复和身体的康复，可以帮助案主树立信心，而案主的生活自理能力和社会参与能力也一定能大为改善。

督导点评

这是一个非常好的案例，社工花了很大心血。首先，长时间的服务是案例成功的基本保障；其次，社工非常巧妙地选取了“识字”这个突破口，帮助案主开启了人生之路；再次，尤为值得赞叹的是，社工进一步为案主引入了电子产品，通过网络帮助案主突破了残疾的生理限制，插上了现代科技的翅膀。

项目名称：情暖“渐冻人”

承接机构：安亭镇残疾人服务社

用心温暖“渐冻人”

——个案管理模式的探索

一、案例背景

朱某，31 岁，上小学的时候被诊断患有“渐冻人症”。当时他和其他同学一起上着体育课，从同样的起点出发跑步，可是他往往落后于班级里其他同学，他的父母陪着他几乎走遍了上海的各大医院，看遍了各大专家门诊。

“渐冻人”这一说法对于许多人来说还是很陌生的，从字面理解，可能是像冻僵了一样的人。有人已经对我们周围的“渐冻人”做出了生动的描述：他们四肢的肌肉在不断地病变萎缩，就像一棵渐渐枯萎的树木。今天可能还在蹒跚挪步，而明天可能就只能坐在轮椅上活动，到最后，四肢的力量逐渐消失，只能靠眼睛的转动或是嘴唇的轻微翕动向他人传递自己的情感。

“渐冻人症”又称肌萎缩侧索硬化症（ALS），是一种运动神经元疾病，患病率约十万分之五，目前对这种疾病还没有有效疗法，患者常在患病后 3—5 年内死亡，是世界五大绝症之一。

ALS 起病隐匿，缓慢持续进展。首发病状为手指活动不灵，精细操作不准,随之手部小肌肉出现萎缩,逐渐向前臂、上臂肌群发展,可伴有肌束颤动。早期体征可见双上肢肌萎缩和肌无力,无肌张力增高,多伴有自主神经功能损伤及感觉障碍。随着病程的延长,肌萎缩和肌无力可逐渐扩展至躯干及颈部,晚期可累及呼吸肌,出现呼吸困难、咳嗽无力等病状。患此症的患者多死于肺部感染。整个病程中,患者均无意识障碍。

二、需求分析

朱某患病后,由他的父母承担起了照顾他的责任。朱某从小学开始就成绩优异,顺利地考入了华东理工大学。从大二开始,都是由妈妈陪读。

面临着经济、心理、社会、家庭关系等多方面压力的"渐冻人症"患者及其家属,即面临着多重困难的、无法通过自己的努力解决问题的个人或家庭,需社会工作者联合一切能够为之服务的资源为其解决问题。

1. 医疗需求

因"渐冻人症"目前无法治愈,朱某放弃治疗,长期待在家中。急需医疗团队为其提供康复治疗,延缓病情发展。

2. 心理需求

朱某从原来的健全人,到现在四肢肌肉进行性萎缩、无力,逐渐丧失自理能力,日常生活需要他人照料。并且"渐冻人症"在目前仍没有完全治愈的可能。这对朱某来说是巨大的打击,其心里一定非常崩溃与绝望。所以在心理层面需要疏导与宣泄。

3. 照顾者需求

朱某的家属需要花费大量的时间与精力来照顾他,身心都非常疲惫。

三、理论模式

(一) 个案管理模式

个案管理是社会工作专业人员为一群或某一个服务对象整合、协调服务活动的一种过程,借着各个来自不同的福利及相关机构中的工作人员,互相沟通与协调，以团队合作的方式为服务对象提供多种服务，并扩大服务的效果。

(二) 个案管理的优势

1. 整合社会资源。社会服务资源的分散提高了服务成本，削弱了服务效果，影响着社会服务质量。在我国，服务资源的短缺更是社会福利服务实践的现实困境。个案管理服务以整合社会资源和发展服务对象使用资源的能力为特点，使服务质量和效率明显增强，将分散的服务资源发挥应有作用。

2. 解决复杂问题。在传统的社会服务方式中，一般无力解决多重问题，或者只能逐一解决，这使服务效果颇受影响。个案管理服务以“一揽子”综合服务方式对服务对象的问题进行统筹解决，使服务立体化。

3. 抑制社会服务成本。社会服务成本高昂是各国政府社会福利开支中的难题。我国社会服务正在发展完善阶段，服务需求与服务成本之间的矛盾十分突出。个案管理服务以社区为依托开展服务，强调对现有基础的利用，并对社会服务资源进行个案重组，使服务成本在资金方面远远低于大机构服务，在功能方面又强于家庭服务。

四、服务目标

1. 总目标

通过开展专业的社会工作服务，帮助朱某增能、建立社会支持网络、提高自信心、消除绝望情绪；帮助家属缓解照顾压力；让“渐冻人”家庭感受到社会的温暖。

2. 具体目标

(1) 使朱某及时了解其身体情况，学会自主康复技巧，延缓病情发展速度。

(2) 提供关爱服务，让朱某的家庭感受到社会的温暖。

(3) 帮助朱某家属缓解照顾压力。

五、服务内容

服务以项目的形式展开，“情暖渐冻人”阳光关爱服务项目孕育而生，项目通过向朱某提供专业的社会工作服务来排解他的悲观情绪，缓解照顾者的照顾压力，使其正视未来生活。

需　求	提供服务内容
医疗需求	神经内科医生上门助康复
心理需求	上门庆祝生日服务；送温暖行动；社工上门服务
照顾者需求	“家属重归喘息日”小组活动

六、服务计划

服务计划以项目周期为一个服务周期。

时　间			2017 年 1 月—2017 年 12 月											
序号	服务要求	子项目	1月	2月	3月	4月	5月	6月	7月	8月	9月	10月	11月	12月
1	社会融入	项目周年庆暨世界“渐冻人”日活动												
		庆祝生日活动	√		√	√								
2	家属喘息日	小组活动				√								
3	个案服务	送温暖行动												
		社工上门	√											
		医生上门助康复												
4	走访慰问	节日走访慰问	√											

续　表

时　间			2017年1月—2017年12月											
序号	服务要求	子项目	1月	2月	3月	4月	5月	6月	7月	8月	9月	10月	11月	12月
5	“生活照料解你忧”	居家照料服务	√	√	√	√								
		提供尿不湿	√											
6	上门体检	免费上门体检服务												
7	志愿者培训	志愿者培训			√									
8	项目调研	项目调研												

七、执行过程

(一) 以朱某的医疗需求为出发点，提供神经内科医生上门助康复服务

资源链接：转介嘉定区中心医院神经内科陈副主任。

服务内容：计划于11月下旬，由神经内科医生上门为他查看病情，教授他日常的康复锻炼技巧。

服务目标：鼓励他积极进行康复锻炼，延缓病情发展速度。

(二) 以朱某心理需求为出发点，提供以下服务

1. 上门庆祝生日服务

资源链接：上海市优秀志愿者张某。

服务内容：为朱某提供上门庆祝生日服务。在他生日当天，送上蛋糕和礼物，和他的家人一起，为他过一个简单温馨的生日。这次的礼物是一个迷你音响，很多时候朱某都是躺在床上，生活内容也很单一，迷你音响连接手机和网络后可以收听广播、听听音乐，朱某表示非常喜欢这个礼物。

服务目标：以上门给朱某过生日的形式，帮助他增强生存意志，同时令他感受到社会的温暖与关怀。

2. 送温暖行动

服务内容：根据前期需求调研，了解到朱某的需求情况，力所能及地提供一些温暖物资。

服务目标：力所能及地帮助朱某，给他送去温暖，让他感受到社会的关心与爱护。

3. 社工上门服务

资源链接：专业社工、社工督导、“渐冻人”病友、残疾人专职委员。

服务内容：每季度以社工上门慰问的形式了解朱某的日常生活状况，给常年不出门的朱某带去各种新鲜事物，使他足不出户也能感受到外面世界的变化。项目组使用虚拟现实一体机让朱某真实地感受到这个世界。

服务目标：排解寂寞生活，使朱某感受到社会的温暖与关怀。

（三）以照顾者需求为出发点，提供“家属重归喘息日”小组活动

资源链接：金山廊下生态园等、社工、志愿者。

服务内容：3月22日，组织朱某及项目其他服务对象的家属前往金山廊下生态园和春秋时期吴越名镇枫泾古镇一日游，活动的行程安排为：上午参观金山3A级景区廊下生态园，下午在江南水乡枫泾古镇游玩。当天下着蒙蒙细雨，大家闲庭信步，仿佛走进了青石板、油纸伞的烟雨江南的风景画中，感受着宁静悠远的江南韵味。家属们三三两两地结伴而行，一边欣赏着沿途的古朴恬静的风景，一边分享着照顾“渐冻人”的方法、烦恼等。

服务目标：通过一日游活动，带长期照顾“渐冻人”的家属外出放松心情，缓解日积月累的照顾疲劳。

八、成效评估

（一）在医疗、心理、照顾者方面，通过资源的整合，基本满足了朱某的需求，通过项目需求调查问卷，满意度一栏勾选的是非常满意。

（二）服务目标的实现

1. 朱某学会了在家自主康复，并坚持锻炼，使韧带和肌肉变得柔软，可以伸展，肌张力降低。

2. 通过社工的资源整合，帮助朱某增能，提高了"渐冻人"对生活的自信心。

3. 在"渐冻人"家庭之间建立了社会支持网络。让"渐冻人"及其家属可以互相交流、分享内心的想法，可以互相鼓励支持。

4. 适当缓解了家属的照顾压力。

九、专业反思

个案管理主要是通过整合资源，解决服务对象的困难。"情暖渐冻人"项目在整合媒体宣传方面仍需加强，只有通过宣传，才能使更多的人了解到"渐冻人症"，从而来帮助和关心"渐冻人"。

十、附件

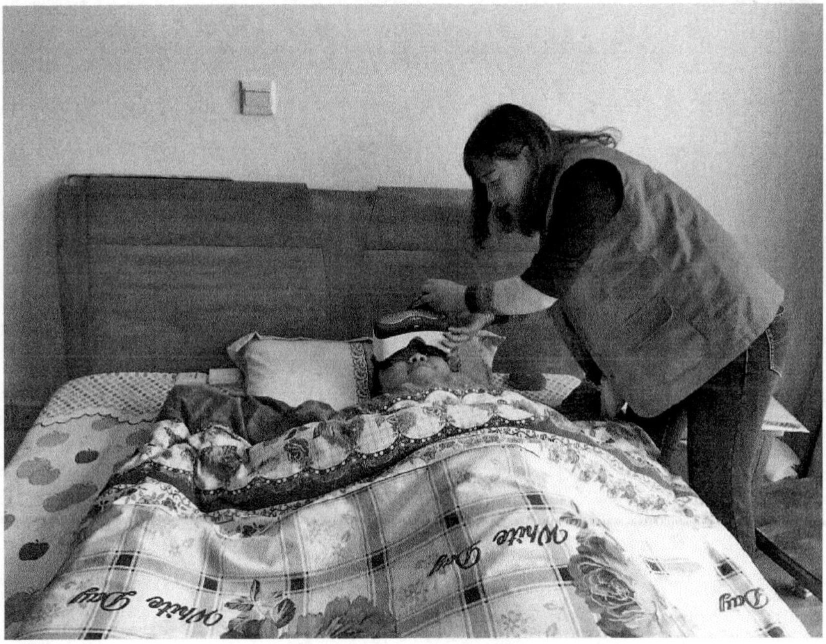

附件 9－1　社工上门服务

附件 9－2 “家属重归喘息日”家属活动

督导点评

“渐冻人症”是一种运动神经元疾病，是世界五大绝症之一，目前对这种疾病还没有有效疗法。该个案抓住了这一特点，整合多方资源，一是将着眼点放在案主自主康复技巧训练上，以延缓案主病情的发展速度，从而也减轻了照顾者的压力。二是提供关爱服务，使案主及其照顾者感受到社会的温暖，提高自信心，远离消极情绪。三是开展小组活动，缓解照顾者的心理压力。建议：在社区融入方面多想想办法，使案主能更多、更好地融入社区。

小组篇

项目名称：同城共享南片

承接机构：嘉定区启航社工师事务所

“我们都一样”

——外来流动残疾人兴趣支持小组

一、案例背景

1. 机构背景

(1) 基本情况

上海嘉定区启航社工师事务所成立于2014年10月，是一家从事助残、助老等社会工作的非营利性服务机构。

(2) 启航宗旨

愿景：让关爱的阳光照射到每一位残障人士及家庭中。

使命：倡导和弘扬“诚信、专业、创新、和谐”的社会工作精神，传播、普及和践行“助人自助”的服务理念，紧密联系实际，积极开展社会工作服务，促进嘉定区助残工作事业蓬勃发展。

目标：提供助残服务项目，使更多需要帮助的残障人士享受政府关爱，更好地融入社区、融入社会。

口号：助人自助，共建共融。

2. 小组背景

“我们都一样”小组是“同城共享”流动残疾人关爱服务项目的子活动之一。在运作项目的过程中，项目组发现大部分残疾人在交往方面都有着或多或少的困难，并且普遍都自卑，生活圈较为狭窄，生活较为枯燥。而上海是一线城市，生活节奏较快，相对于本地的残障群体，外来流动残障群体存在各类需求。一定程度上，缺乏社会支持系统让流动残疾人更为无助，在复杂多变的社会环境中拥有良好的自信心是承受挫折和实现自我调节的关键，且外界环境对他们的影响也尤为重要。

针对流动残疾人的实际情况，并通过前期的相关调研，成立兴趣支持性小组，让他们形成自己的支持系统，提升自信，扩大交友圈。

二、理论架构

“社会互动”即社会相互作用，是指在一定的社会关系背景下人与人、人与群体、群体与群体等在心理、行为上相互影响、相互作用的动态过程。而构成社会互动应具备三个要素。(1) 应有两方以上的主体。既然是相互作用，主体必然不能少于两方，至于每方人数具体是多少，则没有明确限制，其既可以是个人，也可以是群体。因而不论在个人与个人、个人与群体还是群体与群体之间，互动都可发生。(2) 主体间应有某种形式的接触。这种形式既包括语言也包括非语言，如身体感官或其他媒介等。换言之，一方主体应向他方发出一定的“符号”，即通过行为或意思表示的方式传达给对方。(3) 各方主体都能意识到“符号”所代表的意义。对于一方主体做出的意思表示或行为，其他主体不仅能清楚认知而且能对此积极回应。

社会互动理论是包含建构主义观点和人本主义观点的认知体系。在该理论看来，人一出生就进入了人际交往的世界，学习与发展就发生在他们与其他人的交往与互动中，它既强调学习过程的认知参与，也强调学习过程的全人参与。社会互动理论有两大重要理论来源：一是维果茨基的社会互动理论，二是费厄斯坦的“中介作用”理论。维果茨基认为，人类心理功能的发展以特定的社会本质和社会过程为先决条件，在每一个社会文化情境中，可以产生与那些情境适宜的心理功能。费厄斯坦在其"中介作用"理论中指出，对个人有重要意义的人在认知发展过程中起中介作用，有效学习的关键在于本人和"中介人"之间的互动。从这两个理论中不难看出，人与人的交往和互动是推动学习的关键力量。

三、服务目标

1. 总目标：通过小组，让流动残疾人感受到温暖，缓解生活带来的压力，提高他们的沟通能力，增强自信，拓宽新的支持体系，丰富业余生活。

2. 分目标

(1) 前期与小组成员建立联系，积极引导他们融入小组及项目。

(2) 通过小组，了解兴趣方向，加强组员之间的交流，形成一个互助性团体。

(3) 通过小组，以手工互动的形式锻炼自我，学习一系列的解压方式，有效地释放自己的压力。

(4) 让小组成员在小组活动中能够感受到互动以及团队的支持。

(5) 通过小组，让服务对象在活动中成长，有"改变"。

四、小组信息

服务对象：同城共享流动残疾人(南片)项目对象

小组性质：支持型

活动地点：大治路 577 弄

服务人数：8—10 人

时间：2017 年 5 月—2017 年 10 月

五、活动内容

第一节　Hi，你好！

时间	地点	目　标	内　　容	资源
10—15 分钟	大治路 577 弄	让组员和工作者相互认识	(1) 工作者及组员自我介绍(包括姓名、年龄、兴趣爱好及对小组的期望)	社工 2 名
15 分钟		让组员之间初步熟悉	(2) 数字爆炸游戏：社工提前输入 0—100 的数字，并轮流交于组员猜测数字，如需要猜测数字为 80，第 1 名组员说 20，则数字范围在 20—100，依次进行，直到最后说中需猜测的数字，并对该组员进行惩罚	无
15 分钟		深化组员之间的认识；鼓励组员参与活动	(3) 组员两两一组，自由分组，小组内成员相互了解。5 分钟后，每位组员记住左右各 2 位，即共记住 4 名组员的名字，并由社工随机提问(服务对象为残疾人，只能用手、感官去记忆)	无
10 分钟		澄清小组目标，使组员对该小组有一定的认识，使他们对小组有归属感	(4) 与组员一起制订小组契约并写下，另外澄清小组内的秩序和规则	纸、笔
10 分钟		组员分享活动感受，工作人员总结	(5) 社工与组员简单地说出对这次活动的感受及意见	社工 2 名

第二节　我的小花瓣

时间	地点	目　标	内　　容	资源
10 分钟	大治路 577 弄	进一步让组员了解“爱的声音”小组的目标及相关信息内容，继续加深组员间的了解	(1) 回顾第一节的内容，并继续采用第一节活动来记住组员的名字，进一步加深组员间的认识	社工 1 名、实习社工 1 名
15 分钟		热身活动，缓解小组成员情绪，活跃气氛	(2) 运用萝卜蹲游戏(社工提前准备好各类水果和蔬菜的卡片)，每位组员代表一种蔬菜或水果，一人先开始，说“AA 蹲，AA 蹲，AA 蹲完，BB 蹲(另一人头上戴的水果或蔬菜名)”，被叫到的人继续说，若未说出则被淘汰；当人数只剩下 4 名的时候，每人分别代表两种蔬菜或者水果，继续游戏，直到最后决出优胜者，并颁发奖品	卡片、礼品、社工 1 名

续 表

时间	地点	目 标	内 容	资源
10分钟	大治路577弄	花瓣环节	(3) 给每位组员发放五张花瓣形纸张,在社工的引导下,以手工制作的形式,让每位组员写出当自己遇到困难时会想到哪些会帮助自己的人或者人群	花瓣形纸张若干张
10分钟		让成员互相更进一步了解对方,并且让组员能够正视自己目前的状况	(4) 成员轮流分享自己的支持系统,社工引导其想象:如果这些可以帮助他们的人都不在身边,自己是什么样的心情	无
5分钟		给予组员信心,鼓励他们正视自己	(5) 社工总结组员交谈内容,并适当给予回应	无
10分钟		让组员分享、交流对此次活动的感受	(6) 与社工一起分享、交流此次活动的收获和不足	社工1名、实习社工1名

第三节　认识自我

时间	地点	目 标	内 容	资源
10分钟	大治路577弄	和组员一起回忆活动内容,增强小组凝聚力,并介绍本次活动的主要内容	(1) 让组员分享近况,聊聊最近让自己印象深刻的事情,并且回顾前两节小组的活动内容	社工2名
20分钟		活跃活动气氛	(2) 热身游戏:谁是"卧底"。每位组员拿到相对应的名词(社工提前准备好名词卡片),其中有1人("卧底")与他人("平民")的不一样,组员分别进行描述,可以是一个句子,也可是一个词语,然后由组员投票选出"卧底";若正确,社工则宣布"平民"胜利,若不正确,则游戏继续;直至决出最后的优胜者	卡片、奖品、社工1名
15分钟		通过线轴让组员更了解自己	(3) 发放纸张,让组员写出或分享自己的优点和缺点,并且实际说明出现这些优缺点的原因	纸张若干张

续　表

时间	地点	目　标	内　　容	资源
10 分钟	大治路577 弄	鼓励组员正视自己的缺点，并针对可以改变的方面做出改变	(4) 和组员讨论是否可以改变现状，能够改变、克服的，都是可以通过努力来达到的目标（社工注意时间控制以及现场气氛的调节）	无
5 分钟		让组员分享、交流对此次活动的感受	(5) 与社工一起分享、交流此次活动的收获和不足	社工 2 名

第四节　来当次演员吧

时间	地点	目　标	内　　容	资源
15 分钟	大治路577 弄	和组员一起回忆活动内容	(1) 热身游戏：过障碍竞跑。将小组成员分为两组。两组各派 1 人指挥，其他人则蒙上双眼，根据指挥的指示穿越障碍，用时最短的组获胜	丝巾两条、障碍物若干
25 分钟		以情景剧的形式，让组员体验不同身份、角色，让组员学会换位思考	(2) 社工发放相关故事桥段，让小组成员自行分配，进行排练和演示。社工需要控制好时间，最后让组员调换角色，并分享感受	社工 2 名
20 分钟		巩固本节内容	(3) 回顾本节所有活动，对本节内容及不足之处提出建议	社工 2 名

第五节　你是我的好朋友

时间	地点	目　标	内　　容	资源
15 分钟	大治路577 弄	通过热身互动游戏，进一步拉近组员关系	(1) 热身游戏：给组员 5 分钟的时间相互了解，通过蒙眼摸手或脸蛋的方式辨识对方，用时最短者获胜	社工 2 名
15 分钟		通过分享组员的感受，让组员之间有更深的认识	(2) 获胜者分享感受	无
15 分钟		加强并且巩固小组凝聚力	(3) 每位组员分享自己的困难，并在社工的引导下寻求小组成员帮助	社工 2 名

续 表

时间	地点	目 标	内 容	资源
10分钟	大治路577弄	加深组员感情,告知小组即将结束,安抚组员情绪	(4) 社工总结分析,小组虽然即将结束,但是小组的支持系统已经形成,在遇到困难的时候,组员也会给予很好的支持	社工2名
5分钟		让组员分享交流对此次活动的感受	(5) 社工总结,组员对本次表现进行总结	社工2名

第六节 Hi,依旧很美好

时间	地点	目 标	内 容	资源
5分钟	大治路577弄	与组员说明小组接近尾声,本次小组活动已经是最后一节活动	(1) 社工与组员一起回顾小组的互动过程及内容,包括小组名称、小组目标、项目名称等	社工2名
20分钟		组员分享参加小组的感想及改变	(2) 组员分享自己第一次的状态和现在的状态,也可以分享自己对其他人的感受,共同讨论改变	无
15分钟		让组员缓解离别情绪	(3) "说出祝福语"。每人动手制作手工贺卡,合作完成,并写上祝福及期待语	纸、笔
10分钟		总结回顾整个小组的发展过程	(4) 社工带头分享自己参加小组的感受,并希望大家能够在小组中能够真正获得改变、得到支持	社工2名

六、应变计划

预计困难	应 付 办 法
招募不到足够的参与者	亲自致电招募对象,并积极宣传; 寻求外界资源
参与者反应平平	工作者做好动员工作; 尽量了解组员性格特点
活动中的安全问题	尽量做好安全检查工作,若遇突发状况可根据项目预警机制行事(如遇组员突发性身体不适,应尽快与其家属和医院取得联系)

七、成效评估

1. 目标达成

本小组目标在于，通过服务对象参加小组，让流动残疾人感受到温暖。作为在上海市嘉定区生活的外地残疾人，通过一系列小组活动的开展，让组员形成了新的社交圈支持体系，让其感受到支持，提升了自信心，丰富了业余日常生活。

2. 小组过程

小组过程总体较为顺利，组员能够积极配合小组活动内容，并且能够互相帮助，相互加油打气，共同完成小组活动游戏和内容，共同学习。

3. 小组沟通与成员互动(表现)

一开始，组员虽然相互认识，但只限于每次项目活动的表面相识，小组前期活动中，大家还是有点拘束，不够自然；在一系列的小组热身游戏和事情分享中，大家渐渐敞开了心扉，当然也存在个别参与性不高的服务对象，除了社工引导，组员也相互影响，互动逐渐变多，增进了友谊。

4. 小组认同感、归属感

小组一开始，社工取得服务对象的同意，发放了各自的联系方式，以增进交流。组员主动提出选出组长，并由组长通知每次活动的时间和地点，体现了组员的相互信任，并且在小组活动中愿意分享自己的困境，具有一定的小组认同感和归属感。

八、专业反思

本小组为支持性小组，组员在小组过程中逐渐改变，形成支持性系统，社工在这一过程中起到了很大的作用：帮助组员正确地面对自己的困难，并挖掘他们的资源，共同提出解决方案，使他们在小组中成长，感受到来自社会的关心。在活动中，社工也积极听取了解组员的想法，及时做出调整，与组员共同成长。

督导点评

该小组活动运用团体动力，让流动残疾人感受温暖，缓解了生活带来的压力，提高了他们的沟通能力，搭建了新的社会支持体系，丰富了业余生活，有效促进组员积极融入社会；让流动残疾人在活动中获得成长。

进一步的建议：将小组内容改为小组计划，增加小组成员招募、小组计划实施过程，以及小组成员的具体改变等。

项目名称：阳光艺术团 1
承接机构：上海嘉定区自强艺术团

音乐点亮心灵

——男声小组唱案例

2014 年 7 月，在第九届上海市残疾人艺术会演中，艺术团选送的无伴奏小合唱《菩提树》不仅经评委一致好评获得了第一名，而且受到了区、市两级领导的肯定和高度重视，同时被计划和扶持代表上海参加全国会演。

随着比赛帷幕的落下，许多成员迎来了迷茫期，很多一起练习的成员开始提出退出排练，原本 15 人的团队经过几次人员调整，最后形成了如今 13 人的团队。

经过一次一次的排练与坚持，在山东济南举办的第九届全国残疾人艺术会演中，由嘉定区残联选送的无伴奏男声小合唱《菩提树》代表上海参赛并脱颖而出，摘得声乐类桂冠！

一、案例背景

1. 社区背景

嘉定区残联作为全国公益助残示范点之一，多年来，一直积极探索、实践助残社会化工作，深入推行政府购买助残服务，在为残疾人提供专业化、个性化、多元化服务的同时，培育了一批专业的助残社会组织。嘉定区残联不仅从残疾人的生理、心理、娱乐、生活各方面提供助残服务，更是尝试将政府职能向社会公益事业转变，将原本政府职能下的工作，以助残项目的形式进行承接，推动嘉定区内社会组织的发展。而嘉定区残联更是关注到了残疾人在基础生活之外的艺术诉求，创设“阳光艺术团 1”项目来满足残疾人服务对象的艺术需求。

2. 团队基本信息介绍

这是一支由 13 个不同残疾程度的残障人士组成的合唱组，团队中的每个人都有着他们自己的故事。他们有些是因为意外、工伤致残，有些是因先天性的疾病致残，有着音乐梦想的他们，借着“阳光艺术团 1”的平台聚在一起，参加合唱活动。每个人在性格上都有自己的特点，在演唱上都有自己的长处和短板，在生活中都有面临的不同难处。

团队的具体成长也分为不同的方面，其中有几名具有代表性的人员。

首先是个人性格改变的代表——舒某。他原本是健全人士，毕业于浙江一所本科大学工程专业，颇具文学素养，用团队成员的话说是团队中的“高才生”，由于意外坠楼造成终身残疾。舒某的性格比较内向，同时也很较真，对自己认定的事物不会轻易改变，也许正是他的这种性格，让他一开始与团体内的其他成员有些隔阂，从来都是独来独往，休息时也不曾与团队里的任何一人进行交谈。

其次是个人能力提升的代表——陈某，团队内人称“陈叔”。陈某原本是工厂的一名普通工人，由于车床意外，失去了一只手臂，落下了终身残疾。但是陈某的个人能力很强，他在团队管理和公关宣传上都很有经验，在自己所在的社区内担当重任，同时也是一名体育骨干。

最后是自我价值实现的代表——许某。他是团队内的“劳模”。原本是一名普通工人的他，在多年前一场意外中失去了右手的大拇指，但是许某从不曾依仗残疾人的特殊而偷懒，伤愈后的他更换岗位依旧留在厂里，兢兢业业地工作，但是他的内心一直很喜欢音乐、喜欢唱歌，从参加“阳光艺术团1”项目至今，他是迟到、请假最少的队员，他认真的态度也感染了团队中的很多成员。

二、需求分析

艺术团项目一直致力于挖掘服务对象的潜能和培养，社工在服务对象的背后一直观察着服务对象的需求。从小组唱团体组成至今，社工就觉得服务对象的身上有需要挖掘的部分，不仅是潜能，还有他们自己的感悟。而他们的成长不仅有个人的成长，还有团体的成长。

小组成员除了有共性需求外还有特殊需求。所谓的共性需求是后期所产生的希望，即实现更多自我价值，能够在舞台上展示自己的所学。

而特殊需求主要围绕以上三个类型——性格的完善、个人能力的提高、自我价值的实现。以上述三人为代表的13人组成了如今的男声小组唱团队，他们虽然来自嘉定区的不同街镇，有着不同的遭遇，怀着不同的需求参加“阳光艺术团1”项目，但是在经过几年的项目实施后，他们都多少有了改变和成长。

三、理论模式

项目服务借助“增能理论”，增能是指个人在与他人及环境的积极互动过程中，获得更大的对生活空间的掌控能力和自信心，并促进环境资源和机会的运用，以进一步帮助个人获得更多能力的过程。本项目借用增能理论的概念，通过搭建残疾人服务对象的艺术平台和提供专业的艺术培训课程，挖掘并提高服务对象的潜能；搭建展示舞台，为服务对象提供展示的机会，帮助其建立自信；搭建艺术交流的平台，帮助服务对象提高社交能力。

优势视角理论是社会工作学领域的一个基本理论，是关注人的内在力量和优势资源的视角，主张开发并利用人的内在潜能，协助服务对象从挫折和不幸的困扰中挣脱出来，最终实现其人生意义的重建或再发现。

优势视角着重挖掘案主自身的优点，帮助案主认识其优势，从而解决案主外在或潜在的问题。

四、服务目标

(一) 总目标

挖掘成员潜能，利用其自身优势和资源，进行能力建设；通过同伴互动，搭建支持网络，注入组员对小组的希望。

(二) 具体目标

社工将团队的情况进行了总体的规划和分析，将总目标分为几个具体目标进行。

1. 组建小组唱队伍，学习基本演唱技巧。
2. 至少掌握男声合唱曲目一首。
3. 联合项目平台进行展示。
4. 尝试团队自治，引导队员开始进行自我要求。
5. 借助演出活动，建立团体模式。
6. 放权给团队，让团队能够有一定的自由度承接社区的演出邀请。

五、服务内容

(一) 小组类型：成长小组

(二) 参与对象：艺术团男声小组唱团队成员

(三) 时间：2014 年 1 月至 2017 年 8 月

(四) 小组分析

从整体而言，本小组与一般意义上的小组工作有所不同。

首先，服务周期较长，持续时间约四年。由于本次小组工作是在艺术团项目的基础上建立、挖掘的，因此，小组活动的内容、进程会在一定程度上受到项目的影响。

从需求分析的角度进行分析，小组的优势在于小组成员对歌唱有一定的兴趣。

其次，小组社工对于团队管理有一定的经验。

再次，小组成员本身有相似点，皆是残疾人，相似的特点对成员投入有极大的帮助，也能很快增进小组成员的情感。

但是，小组的不利因素也在其中，相似的特点对成员的影响是不可控的，对于成员的消极影响是社工必须考虑的。另外，由于活动内容的单一性，对成员的影响力度以及成员的个人接受度都是社工需考虑的重点。

最后，小组成员之间也存在较大的性格差异，且成员人数众多，能否合理地做好相关团队的管理、协调好团队人员之间的关系，都是社工需担忧的问题。

（五）小组计划

<table>
<tr><th>阶段划分</th><th>主要内容及任务</th><th>社工职责及角色</th></tr>
<tr><td rowspan="2">第一阶段：潜能培养初级阶段(团队建立)
2014.1—2014.12</td><td>组建队伍，学习基本的演唱技巧</td><td rowspan="2">增强服务对象自身实力，使其有所表现，在这一阶段，指导老师占主导地位</td></tr>
<tr><td>掌握男声合唱曲目一首</td></tr>
<tr><td rowspan="3">第二阶段：团队建设与提高
2015.1—2015.7</td><td>尝试团队自治，引导队员开始进行自我要求</td><td rowspan="3">社工在这阶段开始有意识地建立和培养团队意识，让成员的思想从“有就要”变成“我想要”，这样成员能够有更快的进步，对活动也更积极</td></tr>
<tr><td>在提高个人能力的同时，培养团队的默契</td></tr>
<tr><td>借助演出活动，建立团体模式</td></tr>
<tr><td>第三阶段：团队迷茫期
2015.9—2015.12</td><td>团队经过一段时间后，面对情况变化产生了短暂的迷惑</td><td>社工在这一阶段重新扮演团队引导者的角色，让团队重新定位自己的目标，顺利走向下一阶段</td></tr>
<tr><td rowspan="4">第四阶段：团队发展
2016.1—2017.8</td><td>放权给团队，让团队能够有一定的自由度承接社区的演出邀请</td><td rowspan="4">社工在这一阶段，更多扮演资源链接者的角色通过社工、指导老师以及其他单位的各种社会力量，为小组唱进行宣传，为小组唱的发展进行规划，让团队可以走得更远，同时能向更高的层次发展</td></tr>
<tr><td>为团队发展铺路，与区域内的优秀指导老师进行洽谈</td></tr>
<tr><td>与指导老师进行洽谈，找寻更专业的发展及上升空间</td></tr>
<tr><td>尽可能找寻外来的发展渠道，让男声小组唱团队走向社会</td></tr>
</table>

六、执行过程

(一)团队建立

2014年,“阳光艺术团1”项目正式开始运行,项目社工和声乐老师带着对项目的希望打开了排练厅的大门。里面坐着15名残疾人,他们之中即有视障者也有肢障者,艺术团项目内设计了组建男声小组唱的内容,项目社工对男声小组唱团队的初期成立抱持的态度是业余团队自娱自乐的梦想之路,只要有歌唱梦想就能来参加,不曾想过要带领着这支队伍去参加任何奖项和比赛的角逐,只要在艺术团内感到开心就好。

项目开始一个月后,男声的队伍正式建立,队员起初的热情都很高涨,从未接触过合唱的队员们学习得格外认真,团队开始正式进入活动。从2014年1月到2014年6月,每次的合唱活动,成员基本都能够积极参加,但是很快,社工就发现了团队间的问题。开始的热情很快就消散了,队伍的建立也没有一开始的欣欣向荣,15人的性格缺点在这个团队中凸显出来。成员对于活动的热情不再是演唱的学习而是课余的闲聊,15人中大部分是社区的助残员,总是借着居委活动不来或迟到的现象与日俱增;最让社工头疼的是小团体的出现,原本15人的团队分裂成了4个小团体,有漠不关心独来独往的舒某,有热衷于抽烟聊股票的陈某,有抱着敷衍态度只为逃避工作的金某,也有认真学习的许某。这些小团体还互相排斥,课下的时间里,别说是分声部练习了,连基本的交流都没有,一度让社工束手无策。

社工希望能够通过一些外在的力量进行干预,于是邀请小组成员参加合唱沙龙的活动,还希望团队能够参加项目内的社工活动,让小组能够认清参加项目的初心,改善小组的现状。但这些尝试都收效甚微,团体内的很多成员以公事来推脱,这使得社工一度丧失了改变小组的信心。

团队建设的转机也在这时出现了:接到上级领导要求,项目需举办一次到部队送文艺的下基层演出,社工希望能够送“男声”的队伍出去,也想借着演出的荣誉让大家意识到自己在合唱队的位置,能够真正地参与项目。社工在一次活动中告诉大家这个好消息。借着演出，社工提出了队伍目前存在的问题，希望大家通过齐心协力的训练，将自己的成果展现给领导看。也许是对演出的荣誉感，这次团队很快重新凝聚起来，进步神速，在演出活动中给上级领导留下了良好的印象。

（二）团队建设

经过一年时间的不断调整，团队的建立初步完成。借着演出的机会，成员们也凝聚在了一起，这让社工无比欣喜，也让社工看到了这支队伍的潜能。此时社工内心对团队是充满希望的，觉得能够带领队伍不断提高，希望能够开始真正建设这支队伍。

现实总没有想象中的那般顺利，经过项目审批和春节休养的这段时间，此时的团队又出现了松懈的现象，成员认为自己需要的是演出而非平时的排练，因此借口请假不出席排练的情况很严重。社工认为这是团队缺少管理的表现，团队依赖的是演出的激励、老师的管制，起初成员虽然是出于兴趣来参加活动，但是随着管理的疏忽和对成员心理掌握的不成熟，团队正在走下坡路。对于这样的情况，社工希望能够提高团队的内部建设，让成员能够有意识地去进行每次活动，去享受活动，能够认识到自己来参加活动的确有提高，而不是单纯来玩的。

恰逢此时接到领导通知，推荐男声小组唱队伍参加 2015 年度上海市残疾人艺术会演，这对于男声小组唱队伍而言是个好机会，不仅可以更好地提升成员们的信心，还是一个加强团队凝聚力和自治力的好机会，因此社工呼吁成员在现有的基础上加强训练强度，这也得到了成员们的积极响应。社工此时对成员们提出了一个要求，即选取一名队长，队长负责对所有队员的出勤进行考勤评估，实行末位淘汰制。由于成员的个人情况不同，社工让队长和成员之间自己进行联系，来讨论排练时间、排练进度以及业余讨论等事宜，逐渐地，成员开始独立操作团队练习工作，有了目标之后，成员的积极性也有了极大的提升，练习得很认真。慢慢地，合唱队有了不一样的面貌，指导老师也表示他们进步很大，对团队有很大信心。此时的团队拧成了一股绳，成员之间相互配合，成员也开始小组自治，活动态度及对活动的参与有了极大的改进。

（三）团队迷茫

随着比赛落下帷幕，团队迎来了另一大挑战，成员进入迷茫期（或说衰退期）。经历过市级的比赛之后，团队的心态发生了很大变化，很多成员认为业余水平能够参加市级的比赛还得奖，不禁沾沾自喜起来，而同时，也有成员因为身体状况以及工作调动逐渐萌生了退意。这时候的团队处在衰退期，成员们对于活动的积极性明显下降，常常找各种理由不参加活动。对于这样的情况，社工很着急。

社工与所有成员进行了一次小组内的会谈，想了解一下本阶段成员的内心真实想法。大赛过后，成员面临的是自己的转变，每个人加入项目的初衷是兴趣，而目标却各不相同。而大赛的来临既是机遇也是挑战，社工希望成员们能够理清自己的思路，弄清自己想要什么。

经过一系列的详谈之后，原本的 15 人团队只有 10 人继续参加，社工也尊重他们的个人意愿，但是随后面临的就是团体少了三分之一的人的情况下该如何进行分配，又该怎么继续这个项目……种种问题都成了社工的心头疑惑。

（四）团队发展

经过了团队低谷的 10 人重新出发，此时项目也迎来了 3 名新成员的加入。社工希望团队能够重新认识到自己的问题，在新成员加入的第一次活动之后，社工与所有成员在一起开了一次小型的座谈会，将这么多年项目的变化做了一次梳理，也希望成员能够对自己这么多年在项目中的收获进行一个分享，对新到的成员也能给予一些经验，让大家能够更快地加入团队，更好地熟悉彼此。

社工也希望成员们能够吸取前几年的项目经验，将团队自治做得更好，也让整个团队能够更具活力。希望整个团队不是单纯的演出团体，而是真正的一家人，像兄弟一样互相关心。经历过各种市级、区级的比赛和大大小小的演出，团队已经可以独立支撑舞台表演了。此时，社工希望将来男声小组唱团队能够有自主整合资源的能力，于是为团队中几名在职的助残员开展了能力提升的小型培训会：表示将来联系表演的部分工作也放权给他们；希望艺术团能够真正成为大家的艺术团，而非社工本人的艺术团；希望成员能够尝试自主承接一些社区、街镇层面的演出任务。社工希望能够加强成员的宣传，让成员能够更加有自信，也为成员的发展积累群众基础。在社工的鼓励下，成员的积极性被调动起来，男声小组唱团队的身影不仅出现在嘉定区十二街镇的社区晚会上，甚至新加入的花桥地区的成员也积极为大家牵线搭桥，让大家能够去江苏省演出。

而参加第九届全国残疾人艺术会演可以说是意料之外的机遇，也是这次活动，让社工真实地感受到成员的成长。接到参加全国比赛的消息时，所有成员都兴奋不已，但首先要克服的是赛前两个月的集训，面对高强度的训练，成员们不仅要顶住工作上的压力准时出席，还要克服不便利的交通。出乎社工意料的是，在社工头疼这个问题时，成员们自发解决了这些问题，每到训练时，总会有组员主动承担起接送工作，相互照顾赶往排练地点。

比赛地点设在山东省，这不免让社工产生了身处异乡的担忧。最让社工担忧的是脊椎损伤严重的舒某，而恰恰也是他主动提出不要带家属，要求自我照顾，在集训期间以及参赛期间，他主动要求承担高声部分组训练的任务，并在训练间隙帮助嘉定口音的队员训练咬字发音；而陈某为了队员们能赛出好成绩，每次都组织所有队员进行课后回顾，还不断和指导老师商量、协调队员们整体队形的调整、台风的提升以及舞台适应等，还暂时推掉了自己体育训练领队的职务，全心全意投入到团队当中；而许某为了能参加集训，不辞辛劳地每日往返于工厂和训练地，哪怕工厂因为他连续请假扣他工资也不曾放弃，用他自己的话说，“我就是喜欢才来的，我知道自己唱得不好，能参加演出我就很高兴了，没想到我居然能参加市里的比赛，这次还能参加全国比赛，哪怕扣我工资我也要来”。

七、成效评估

从整个团队组建至今，队员们经历了很多，每个成员都有所改变。成员们从最初的各自为政，到如今的团结协作，每个人都充分发挥了在组合中的优势。项目用了四年的时间帮助服务对象去认识自己，分辨自己的真实需要，从而参加项目并实现自己的需求，每个人在这一过程中得到的不仅是音乐能力的提升，还有性格的完善、能力的扩展以及自我价值的实现，他们真正从个体成为团体。

个人改变情况	项目参与前	项目参与后
舒某	个人防备心理强，不愿与人结交；团体融入意愿低，是团队中的独行侠	团队融入程度明显提高；能够尝试融入集体，产生社会交流，并愿意积极主动发挥个人特长，愿意在团队中发挥作用
陈某	有管理经验但缺乏集体感，习惯于掌控，是团体中自由散漫的代表	能发挥自己的能力，主动承担团体队长职务，做好团结团队工作，改变团队分裂的现状，一改自由散漫、迟到早退的情况，能够保证活动参与的出勤率，改善成员的参与态度
许某	是勤奋的学习者，但对自己的成长和信心不足，学习方法掌握不够，容易退缩	在保证出勤的同时能够学习掌握声乐的技巧，在老师和团队的鼓励下增强了自我信心，能够跟随团队进行演出，自我认知有了很大的提升

项目的成效主要体现在三个层面：个人层面包括了个人能力提升、性格完善以及自我价值的实现；于团体层面而言，项目提供了一个良好的平台，为服务对象提供学习的资源和展示的平台，同时也塑造了一个平等、接纳的群体环境，让团体成员能够从个体的角色转换出来，尝试走出家门融入集体，最终形成互助团体；第三个层面是政府层面，项目提供的服务是政府职能的分支，通过政府购买服务的方式委托社会组织进行托管。一方面，项目的成功也表明政府在职能转变的尝试上的成功，也开创了残疾人艺术服务的新模式，是政府将目光从残疾人民生需求扩展到残疾人心理发展需求，满

足残疾人的多方面需求和全面发展的良好尝试；另一方面，也能够通过残疾人文体服务的发展，艺术作品的创作和演出展示等宣扬社会正能量。

项目成效	项目参与前	项目参与后
个人层面	服务对象个人意识强烈； 服务对象孤独感强烈； 服务对象的社会参与意愿低； 对外界的关心保持距离； 对自我价值缺乏信心	服务对象的团队感提升； 服务对象团体参与度提高； 服务对象群体交流增加； 服务对象在团体中找到自己的角色，并发挥自己的特长； 服务对象建立自信，参加各种层面的演出
团体层面	散沙式管理； 团体分裂； 团体缺乏一定的规范； 团队成员态度敷衍； 团体活动参与度低	集体式管理； 团队团结度提升，成为一个整体； 团体内自觉遵守一定的规范，出勤率低的成员会自觉进行自我检讨； 每次活动的参与认真度有效提高，成员进步快； 每次活动的参与人数也有保证，基本维持在全勤
政府层面	残疾人社会服务单一化，集中在残疾人基本生活的补助上； 残疾人艺术愿望得不到实现； 残疾人展示平台缺失	残疾人社会服务多样化，开创走访、补助外的其他残疾人社会服务； 满足了残疾人的艺术需求； 提供了残疾人展示的平台； 减轻了政府负担

八、专业反思

社工在本次服务中充当的是服务提供者、支持者、管理者以及资源链接者的角色。社工所面对的不是单一的小组工作。在合唱排练的过程中，社工逐渐渗透服务对象，使服务对象表达他们的共性需求，社工通过增能教授、提高合唱技巧，也让成员个人的能力有所提高；在团队建设中，社工逐步帮助服务对象表达自己，完善自身性格缺陷；在团队管理中，使服务对象逐步学习团队管理，发挥自我特长，实现能力的拓展；同时也帮助他们登台演出，让他们能够展示自己，基本完成其实现自我价值的目标。社工还希望能够挖掘他们背后所隐藏的更深层的需要、更加积极向上的目标和需求，并利用专业力量为他们提供更好的服务，让他们能够有更好的成长。对项目本身，社工也需要更多的思考，从不同层面对项目进行挖掘，希望能够通过案例的方式，对区域政策产生一定的影响，提升项目的品牌效应。

九、附件

附件 11－1　男声小组唱参加全国第九届残疾人艺术会演照片

附件 11－2　男声小组唱参加上海市第九届残疾人艺术会演照片

附件 11－3　男声小组唱获奖证书

附件 11－4　排练活动照片

督导点评

这是一个很好的小组服务活动，最终的小组合唱队的确取得了良好的成绩，参与的小组成员也取得了非常明显的进步。

从本案例来看，社工准确把握了案主的特点；同时，社工非常了解案主的需求，且极其富有耐心。事实上，这也是几乎所有助残服务案例成功的首要保证——极度耐心下长时间的辛勤付出。

本案例在具体介入理论上选择了增能理论和优势视角。实践证明，这是针对残障群体服务最有效的介入理论，一方面尊重了案主，另一方面又推动了案主成长。

本案例成功还有赖于艺术方式的积极引入。近几年的努力耕耘，可以很清楚地看到机构本身的积极成长，艺术不再仅仅作为排练打发时间，而是更多地上升成一种专业治疗方法，机构本身的成长换来了案主的成长，而机构、社工、案主三方的共同成长，也是我们最乐意看见的助残服务多元化成效。

项目名称：阳光相伴残疾人照顾者服务
承接机构：嘉定镇街道阳光彩虹社工师事务所

“启智时光”

——“阳光相伴”残疾人照顾者成长小组

引言

在“同心缘”俱乐部活动时，组长与组员之间产生了一些误会。有组员在最近一次照顾者俱乐部活动中丢失了一个戒指，心情受到了严重的影响，由此打电话给社工表示其不愿意再参加项目活动。

在第一次面谈过后，社工发现组员与其他照顾者，特别是照顾者组长之间有不少的误会。借着组长前不久受伤社工前去探望的契机，社工与组长也进行了深入的沟通。通过与组长的沟通，社工发现了组员所说的内容与组长澄清的内容大相径庭。在此之后，社工又与其他一些照顾者进行了沟通，发现组长说的内容是比较符合当时的实际情况的。

可见，这些误会大多是由组员的非理性信念造成的。因为地区差异，我们的照顾者组长忍受着种种误会。但他们却在默默付出、默默地服务我们整个照顾者群体。经过和组长们的讨论，一致决定开展“启智时光”成长小组。通过小组活动发掘照顾者的创造力、自尊、自信、爱与安全感，使他们能够以积极的态度去应对挑战。

一、案例背景

照顾者本就是一个容易被社会忽略的群体，在日复一日的照顾重压下，照顾者的太多需求得不到满足，太多情绪也得不到宣泄。“同心缘”照顾者俱乐部成立三年来，使照顾者得到了一个相互交流、支持互动、放松身心的平台。但同时，项目组成员也注意到，照顾者组长由于没有受过团队管理的训练或是出于其他原因，有时其辛苦工作却得不到一些组员的支持与理解。这会使照顾者组长产生一些负面情绪及挫折感。项目组决定开设“启智时光”照顾者组长成长小组。采用“9＋3”的模式，即每次小组活动由 9 名照顾者组长加固定 3 名照顾者共同参与的模式，使照顾者俱乐部组长们的团队管理能力、沟通技巧、情绪管理能力等得到提升。同时也使照顾者俱乐部的普通组员体会照顾者俱乐部组长们的辛苦与不易，从而在照顾者组长组织活动时帮助组长一起开展活动，减轻组长的压力以及负担。

二、需求分析

2016 年 3 月 24 日，社工召集照顾者组长，进行小组前调查；主要内容包括整理照顾者组长在工作中遇到的困难；通过量表测试，掌握照顾者组长的能力水平；明确小组目标、性质以及契约。

通过 PPT 讲解的方式澄清小组理念，引入正题，澄清烦恼的概念为平时俱乐部工作中的烦恼，如阿姨不配合活动，得不到支持，因为一些小事情耿耿于怀，在俱乐部活动中东西少拿了，别的阿姨有自己没有等情况。“面对这些情况，作为一个管理者，你的心情是怎样的?”社工将照顾者组长分成三组，并在桌子上放置一些表达各种烦恼的图片。每位组员选两种烦恼投入纸筐打乱，大家一起将纸筐中的纸片打开、归类、贴在黑板区域内，看看哪种烦恼提及的次数最多。

大家发言交流感想，社工归纳整理大家的共同烦恼，最后发现还是负能量多于正能量，组长们普遍感觉尴尬和困惑。在遇到一些问题时，组长们不知道如何去解决，如何去缓解与组员之间的关系，表示感觉很尴尬、非常困惑，且难以解决问题。通过前期了解，更坚定了社工开展成长小组的信心和决心。

后期，通过能力评估表对照顾者组长的能力情况有个整体的了解(能力测评表见附件 12-1)；从管理能力、领导能力、沟通能力、组织能力四个方面进行测评。总分达到 90 分以上的有 1 位，80 分以上的 3 位，70 分以上的 6 位，60 分以上的 1 位，可见组长们的能力参差不齐。但他们有着一个共同点，那就是照顾家人或组员，在集体中奉献坚韧不拔的"工匠精神"，故小组设计了相应的小组活动以达成服务目标。

三、理论模式

本案例采用增能理论。增能是个人在与他人积极互动过程中获得更大的对生活空间的掌控能力和自信心，以及促进环境资源和机会的运用，以进一步帮助个人获得更多能力的过程。增能理论认为：(1) 个人的无力感是由于环境的排挤和压迫而产生的，社会中的弱势群体之所以会处于弱势地位，并非他们自身有缺陷，而是由于他们长期缺乏参与机会所导致；(2) 社会环境中存在着直接和间接的障碍，使人无法发挥自己的能力，但是这种障碍是可以改变的；(3) 每个人都不缺少能力，个人的能力可以通过社会互动不断增加；(4) 服务对象是有能力、有价值的，服务对象的能力不是助人者给予的，社会工作者的作用在于通过共同的活动帮助服务对象去除环境的压制和他们的无力感，使他们获得能力，并能正常发挥他们的社会功能；(5) 社会工作者与服务对象和环境之间的有效互动，可以帮助组员提升自我效能感。

在增能理论的视角下，社工认为照顾者的压力和无力感来源于环境而不是照顾者本身；社工相信环境中存在的一些障碍使照顾者无法发挥能力，但这些障碍可以通过提升能力而清除；社工相信服务对象有其自身的能力和价值。社工与服务对象之间是一种合作关系，旨在引导服务对象发掘自身的潜力与价值，在此过程中提升组员的自我效能感，使其在日常工作中更加得心应手，进而减少其压力。

四、服务目标

(一) 总目标

运用社会工作专业方法，针对照顾者组长们开展小组工作，旨在提升组长能力，从而能够帮助更多的照顾者得到成长，使照顾者活动能够越办越好。

(二) 具体目标

1. 培养能力意识，使组员能够在小组中得到综合能力的提升。
2. 探寻照顾者初心，探寻源自内心的情感和力量，提升其价值感。
3. 提高照顾者组长的自我效能感，减轻其工作和生活中的压力。
4. 提供交流机会，鼓励照顾者相互支持和学习，增强小组归属感。
5. 涵养照顾者工匠精神，培养兴趣与才艺。
6. 提炼照顾者精神内涵，树立照顾者组长新风貌。

五、服务计划

节数	主题	内容	目标
第一节	花开时节又逢君	1. 热身游戏：幸福传递报花名； 2. 传承工匠精神：诠释小组理念，解释工匠精神； 3. 组前评估：能力测试与兴趣意向收集，澄清能力测试的结果； 4. 分组讨论：订立契约； 5. 小组成员制作身份卡； 6. 游戏：萝卜蹲； 7. 尾声：社工总结，布置家庭作业(照片背后的故事)	1. 增加小组成员活跃度； 2. 确定小组活动内容； 3. 引导小组成员遵守小组契约； 4. 凝练小组理念，达成小组目标的一致性

续 表

节数	主题	内　　容	目　　标
第二节	滴水穿石——收藏成长	1. 热身游戏:“听朋友说”; 2. 传承工匠精神:“我眼中的工匠精神”(从旁观者的角度分享照顾者的工匠精神及特质); 3. 分享家庭作业:照片背后的故事; 4. 记录的艺术:将成长记录成册; 5. 兴趣天地:摄影构图; 6. 尾声:社工总结,布置家庭作业(“堂话”分享)	1. 深化组员对工匠精神的理解; 2. 让小组成员体会记录的艺术,进而提升其小组领导能力; 3. 让小组成员能够在忙碌的生活之余得到身心放松; 4. 增进小组成员之间的感情,增强其社会支持
第三节	多说一句——拉近彼此的距离	1. 热身游戏:传表情; 2. 传承工匠精神:熟能生巧(总结自己从事照顾的方法和一些小技巧); 3. 分享家庭作业:“堂话”分享; 4. “堂话”的学习:多说一句,拉近彼此的距离; 5. 兴趣天地:摄影美图赏析; 6. 尾声:社工总结,布置作业(总结自己的放松技巧)	1. 整理“堂话”以及适合照顾者组长用的短语,提高照顾者组长的沟通能力; 2. 加深组员对照顾者组长工匠精神的理解; 3. 让小组成员能够在忙碌的生活之余得到身心放松; 4. 增进小组成员之间的感情,增强其社会支持; 5. 涵养照顾者工匠精神,培养兴趣与才艺
第四节	时令知多少	1. 热身游戏:织网搬运; 2. 家庭作业:分享你的放松技巧; 3. 传承工匠精神:饮食创新(说一说你在照顾饮食方面的创新点); 4. 时令知多少:顺应天时,提神养气; 5. 尾声:社工总结,布置家庭作业(试做养生汤,并用手机拍摄照片)	1. 引导组员关注时令规律,关注自身健康状况,更进一步地关注自己的生活; 2. 培养组员在照顾过程中的创新精神,将照顾过程做到精益求精; 3. 增强组织协调能力,能够根据工作任务对资源进行分配,并能协调群体活动; 4. 在此过程中提高其自我效能感,并以此减轻工作压力,获得身心愉悦; 5. 涵养照顾者组长的工匠精神,培养兴趣与才艺

续　表

节数	主题	内　　容	目　　标
第五节	丝巾妙用——绽放五彩生活	1. 热身游戏：优点轰炸； 2. 家庭作业：展示养生汤； 3. 工匠精神：照顾者的初心； 4. 丝巾妙用：绽放五彩生活； 5. 绕圈发言：分享学习心得，布置家庭作业； 6. 兴趣天地：学习人像摄影； 7. 尾声：社工总结	1. 引导组员关注到自身的美丽、发掘生活中的美好，进而提升照顾者的生活面貌； 2. 让组员意识到并说出内心中支撑自己的力量之源，学会自我肯定； 3. 培养组员的自我管理意识，将技能带入俱乐部，减轻自身的工作压力； 4. 涵养照顾者工匠精神，培养兴趣与才艺
第六节	深深深呼吸	1. 热身游戏：“传递衣服”； 2. 传承工匠精神：我的绝活； 3. 深深深呼吸：学习放松方法； 4. 冥想放松：感悟专注； 5. 尾声：总结及布置家庭作业（总结一下俱乐部中存在的矛盾）	1. 让组员学到专业的放松方法，并带入俱乐部； 2. 提高组员在照顾过程中的专业化程度； 3. 让小组成员能够在工作之余得到身心放松； 4. 增进小组成员之间的感情，增强其社会支持； 5. 涵养照顾者工匠精神，培养兴趣与才艺
第七节	巧解千千结——矛与盾的润化	1. 热身游戏：巧解千千结； 2. 分组讨论：游戏心得； 3. 分享家庭作业：说一说俱乐部中的矛盾； 4. 矛与盾的润色：角色扮演； 5. 兴趣天地：摄影实践； 6. 尾声：社工总结	1. 让组员体会矛盾的解决过程，总结出解决的技巧； 2. 增强组员的领导能力，提高其自我效能感； 3. 减轻组员日常工作中的压力，让小组成员得到身心放松； 4. 增进小组成员之间的感情，增强其社会支持； 5. 涵养照顾者工匠精神，培养兴趣与才艺
第八节	风雨同舟，一路有你	1. 冥想：回顾一路走来； 2. 播放活动花絮； 3. 风采展示：完善并展示自己的成长纪念册；说一说自己这一路走来的收获； 4. 发扬工匠精神：梳理与记录照顾者精神； 5. 兴趣天地：“开办我的摄影展”（老师点评摄影作品与投票决出摄影达人）； 6. 填写评估表； 7. 尾声：社工总结，处理离别情绪，展望美好未来	1. 总结、回顾整个小组活动的经验，增强小组成员在其中的积极体验； 2. 让小组成员分享在管理照顾者过程当中的辛苦； 3. 重申各种技巧运用的重要性； 4. 构建照顾者达人支持网络； 5. 处理小组成员的离别情绪； 6. 录制节目视频

六、服务内容

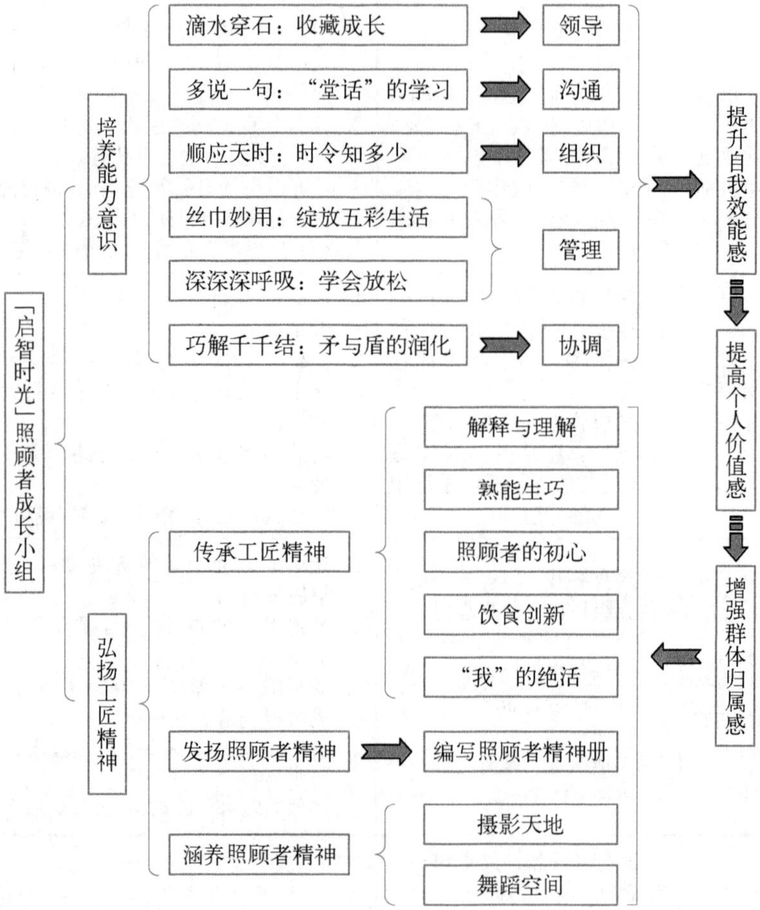

七、执行过程

（一）第一节：花开时节又逢君

小组第一节活动的主题是“花开时节又逢君”，这一节活动更多的是增加小组成员对彼此的熟悉度，营造融洽的小组氛围；集思广益，确定之后小组活动的内容；引导小组成员遵守小组契约；最后希望他们凝练小组理念，达成小组目标的一致性。

主要环节有热身游戏、小组理念的阐释、组前评估、订立契约、制作身份卡、游戏"萝卜蹲"、总结并布置家庭作业。活动开展得比较顺利，组员们一个个在游戏中玩得不亦乐乎。通过小组活动，照顾者组长可以暂时忘却其生活的压力，使社工在了解其内心真实需求的同时增进彼此的感情，学会更多的技能和知识；并逐渐激发照顾者自身的"工匠精神"。在第5个环节"制作身份卡"中，组员们在欢乐的氛围中介绍了自己的昵称，打破隔阂，了解对方的所思所想。

（二）第二节：滴水穿石——收藏成长

第二节小组活动的主题是"滴水穿石——收藏成长"。为了深化组员对工匠精神的理解；让小组成员体会记录的艺术，进而提升成员的小组领导能力；让小组成员能够在忙碌的生活之余得到身心放松；增进小组成员之间的感情，增强其社会支持。本次小组活动分为以下几个环节展开：热身游戏、传承工匠精神、分享家庭作业、记录的艺术、兴趣天地、社工总结并布置家庭作业。在第二个环节"传承工匠精神"中，社工通过一则照顾者的真实案例引发组员对照顾者精神压力的深层思考，组员通过绕圈发言的形式，讲述自己的故事，以及自己对自身所做工作的理解。并总结、归纳照顾者的工匠精神。在这一圈发言的过程中能够看出，照顾者在说起自身照顾经历的时候往往侃侃而谈，但由于时间的限制，组员们的发言大多意犹未尽。组员在小组中得到了身心的释放，增加了对彼此的熟悉度，营造出了融洽的小组氛围。

（三）第三节：多说一句——拉近彼此的距离

第三节小组活动的主题是"多说一句——拉近彼此距离"。项目组通过整理"堂话"以及适合照顾者组长用的短语，来提高照顾者组长的沟通能力。目的是加深组员对照顾者工匠精神的理解；让小组成员能够在忙碌的生活之余得到身心放松；增进小组成员之间的感情，增强其社会支持。

在"'堂话'的学习"这一环节中，有些组员从刚开始对"堂话"的概念不太理解，到后来能够说上一两句，进步较为明显。这也是此次活动值得借鉴和引用的地方。但是,语言的运用只是提高沟通能力很小的一部分,而在以后的活动中可以更为全面地介绍提高沟通能力的方法。

(四) 第四节:时令知多少

第四次小组活动的主题是"时令知多少"。此次小组活动的目的是引导组员关注时令规律,关注自身健康状况,更进一步地关注自己的生活;培养组员在照顾过程中的创新精神,将照顾过程做到精益求精;增强组员的组织协调能力,能够根据工作任务对资源进行分配,并能协调群体活动;在此过程中提高其自我效能感,并以此减轻工作压力,获得身心愉悦。

在交流环节中,有组员提出她们其实经验都很丰富,但是缺乏逻辑,说不出口。照顾者组长都是照顾者们的领袖,因此在以后的活动中,可以让照顾者组长牵头开展照顾技巧的编纂工作,形成一套系统的照顾知识,为更多人服务。

(五) 第五节:丝巾妙用——绽放五彩生活

第五节小组活动的主题是"丝巾妙用——绽放五彩生活"。目的是引导组员关注到自身的美丽、发掘生活中的美好,进而提升照顾者的生活面貌;让组员意识到并说出内心中支撑自己的力量之源,学会自我肯定;培养组员的自我管理意识,将技能带入俱乐部,减轻自身的工作压力。

这一环节,由专业的心理咨询师严老师来为大家讲解。她用幽默风趣的话语和优雅的神态感染了全部照顾者。原来照顾者们忙于照顾,疏于对自身的打理,对自身穿搭细节的追求对他们来说更是"天方夜谭"。但在这一环节中,各式各样的丝巾和十几种佩戴方法已然勾起了组员们对美的追求,他们仔细听课,认真操作。因此这一环节取得了比较好的效果。

(六) 第六节:深深深呼吸

第六节小组活动的主题是"深深深呼吸",目的是让组员学到专业的放松方法,并带入俱乐部;提高组员在照顾过程中的专业化程度;让小组成员能够在工作之余得到身心放松;增进小组成员之间的感情,增强其社会支持。

主要内容是由专业的瑜伽老师给大家上课。瑜伽老师带大家进行热身后，开始简单的放松动作的练习。组员们铺好瑜伽垫，很快就进入了安静的练习状态，也在积极与老师交流对身体的感受。练习时间为一个小时，外加十分钟的放松冥想。在练习结束后，经组员反馈，她们觉得练的时候有些吃力，但练完以后十分轻松；一次的练习也难以记住这些放松动作，回去复习有点吃力；因此希望可以多几次这样的活动，希望老师可以将简单的动作结合成一组，在老师指导练习的过程中增加讲解。

（七）第七节：巧解千千结——矛与盾的润化

第七节小组活动的主题是“巧解千千结——矛与盾的润化”，目的是让组员体会矛盾的解决过程，总结出解决的技巧；增强组员的领导能力，提高其自我效能感；减轻组员日常工作中的压力，让小组组员得到身心放松，增进小组组员之间的感情，增强其社会支持。

其主要内容是通过游戏活跃气氛，培养组员的合作意识。游戏“巧解千千结”秩序良好，起到了很好的暖场作用，组员们通过游戏获得了快乐，也通过团队合作解开这个结，感受到了成就感。随后的游戏分享，组员们侃侃而谈，尽情分享自己的亲身感受，也达到了我们开展这个游戏的初衷。“矛与盾的润色”这一环节采取角色扮演的方式，抽签挑选大家在俱乐部中经常发生的一个问题，并邀请两三位组员来表演，其他组员则分小组讨论解决人际矛盾的方法，并用小品的形式把它表演出来。所有组员一起来讨论各种解决方案的可取之处和不合理之处。虽然组员们并非专业社工，但根据她们多年的经验，她们的方法还是有很多可取之处的。借鉴矛盾解决的八项技巧，大家一起总结矛盾解决的技巧。组员们反映这样的活动形式可以帮助他们拓展思路，多方位思考俱乐部中的问题。

（八）第八节：风雨同舟，一路有你

第八节小组活动的主题是“风雨同舟，一路有你”。目的是总结、回顾整个小组活动的经验、增强小组成员在其中的积极体验；让小组成员分享在管理照顾者小组过程当中的辛苦，重述各种技巧运用的重要性；构建照顾者的支持网络，处理小组成员的离别情绪。

主要内容是回顾一路走来的点点滴滴，在放松的氛围中体会专注的力量。每位照顾者听着引导词进行冥想，回顾小组中的点点滴滴，心情也慢慢随着舒缓的音乐放松了下来。结束后和社工交流着参加8次小组活动的感受，有的组员觉得和不同的照顾者拉近了距离，有的组员觉得从小组中学习到了很多的东西，充实了业余生活，交到了许多朋友。随后，在社工的引导下组员们井然有序地向大家展示自己的相册，介绍照片背后的故事，组员们细细品味着其中的酸甜苦辣。有的组员分享了自己拍摄的艺术照，组员们相互传阅欣赏着这些美丽的瞬间，互相夸赞。

当小组即将结束，面对分离期时，组员表现出了依依不舍的情绪。社工一方面对组员进行情绪安抚，袒露心声回应组员；另一方面，社工保证和组员以后多联系、多沟通，条件允许的情况下大家可以时常聚聚，分享感受。

八、成效评估

"启智时光"成长小组自4月份开展，至6月份结束，共进行了8次小组活动，受益对象12人。小组活动主要针对照顾者组长的能力提升而设计，旨在了解自身，增强自身优势；并针对小组开展情况进行了以下三方面的评估。

（一）前期评估

1. 焦点小组：在小组正式开展前，先开展预备节焦点小组，集思广益收集组员各方面的需求。依据需求调整小组活动的内容安排，以便后续内容的顺利开展，切实符合服务对象的真实需求。社工发现照顾者组长普遍比较焦虑，对于管理俱乐部事宜有心无力，难免因一两个照顾者有一些特殊问题而难以解决，组长感觉既要照顾家中，又要管理俱乐部很疲惫。

2. 能力测试量表：通过专业的能力测试量表（见附件12-1）对组员的能力进行前测。了解组员的能力短板，发现组员组织能力与管理能力有着较明显的差异，故以此为依据开展小组活动，并在小组结束后进行对比测试。

（二）过程评估

1. 随时与组员交流，了解组员的态度与建议，在过程中不断改进。当发现组员忙于家中事务无暇顾及家庭作业时，社工反复强调，故情况稍有改善。

2. 社工在小组进行过程中认真观察和反思。每一次小组活动过后，进行反思、记录，以便在下一次活动中改进。如反思自己在带领小组过程中的不足之处，从开始的手忙脚乱到最后的从容应对。

3. 记录组员的表现了解小组的实施成效。为每一位组长做单独的记录，以充分了解他们每一次活动的表现以及改善情况，从每一次记录的表格中可以了解到每一位组长都是在慢慢进步的，尽管程度各不相同。

（三）结果评估

1. 主观评估：在组员心得与收获分享环节，组员们从一开始的不愿分享到最后的主动分享，整体上有着质的飞跃。组员愿意与社工敞开心扉，谈及俱乐部中的问题，从而大家一起探讨解决，也释放了压力。社工通过满意度调查的方法了解组员对小组的整体满意度，了解有哪些需要改进的地方。

2. 客观评估：统计组员在活动中的出勤率与参与率。多数组员都能积极参与每次小组活动，每次缺席的均不多于一个，由此可以看出组员参加活动的积极性。

利用能力测评表对组员进行评测，并通过对后测与小组前测的结果进行对比（详见附件 12－1），了解到照顾者组长参与小组后，其管理能力、领导能力、组织能力和沟通能力都有了一定的提升，并以此为依据评估小组效果。

九、反思与建议

“启智时光”照顾者成长小组活动共分为 8 节，节与节之间都有着一定的联系。

这次小组活动中，社工基于对组长工作内容和工作中遇到问题的了解进行了进一步的调查。在掌握其需求的基础上，选用成长型小组。该模式的主要功能是：康复的功能，解决在工作中遇到的问题；预防的功能，形成成员的支持网络；发展的功能，提高小组成员的能力，增强其情感联系。

在小组开展过程中，每节活动中将教学内容、社工方法、文娱活动相结合，旨在开展能力提高、才艺培养、感情提升三位一体的小组活动。其中，社工充当小组的推动者、小组成员的好伙伴、能力分享者和对话者。但此次活动较注重能力提升和技能学习，因此设计了教育性内容。这有可能会降低活动的趣味性，也有可能会出现组员注意力不集中的现象。因此社工在活动中应注意劳逸结合，根据实际情况调整活动内容以达到更好的效果。平时小组活动中也应做好有照顾者中途退出的准备以及应对措施。在游戏的过程中，因小组成员年龄普遍较大，应注意小组成员的安全问题，应常备药箱。此外，小组活动过程也因为节假日或者天气关系，稍稍影响小组整体的进程，社工因此对活动进行了调整。小组活动总体比较成功，但因第一次开办小组，社工在时间的把控上还有所欠缺，在以后的活动中应加以注意。

十、附件

附件 12－1 “了解自己”能力测评表

管理能力	前测平均分	后测平均分	分值差
我能够帮助团队成员明确自己的责任	4.090 909	4.833 333	0.742 424
我能够对所需完成的事务做轻重缓急排序	4	4.833 333	0.833 333
我能够发掘组员的优点，调动组员的积极性	3.636 364	4.5	0.863 636
我能够化解团队中的矛盾或解决团队中的问题	3.727 273	4.416 667	0.689 394
我可以通过自身的分享让团队成员把家中管理得井井有条	3.545 455	4.583 333	1.037 878

续 表

领　导　能　力	前测平均分	后测平均分	分值差
团队成员意见不一致时，我会努力寻求各方认可的解决方案	3.909 091	4.75	0.840 909
我能够积极听取多种观点与意见	4.090 909	4.75	0.659 091
我能在不同群体中引导大家达成目标	3.727 273	4.5	0.772 727
我足够包容团队中的每一位成员	4.181 818	4.833 333	0.651 515
我能够记录自己以及团队中其他成员的成长，并且灵活运用	3.818 182	4.166 667	0.348 485
沟　通　能　力	前测平均分	后测平均分	分值差
我能够认真倾听他人的谈话，我常会留意对方的反应	4.363 636	4.916 667	0.553 031
我会根据不同对象的特点采取不同的沟通方式	3.818 182	4.75	0.931 818
我能使他人清楚地了解自己的意图与想法	4	4.416 667	0.416 667
我能够将组员的问题及时反馈给项目组	4.363 636	5	0.636 364
我能够及时与项目组沟通以保证各种活动的顺利开展	4.181 818	5	0.818 182
我能够主动与团队成员交流、互动，努力增进彼此感情	4	5	1
组　织　能　力	前测平均分	后测平均分	分值差
我能够提前设定活动目标，并制订活动计划	3.909 091	4.5	0.590 909
我能够调动一切资源来保证活动的有序开展	3.818 182	4.833 333	1.015 151
我能够根据实际情况调整活动计划	3.818 182	4.666 667	0.848 485
我能够关心到每一位团队成员，让他们在团队中有所收获	3.636 364	4.5	0.863 636

督导点评

“启智时光”残疾人照顾者成长小组向我们展示了一个比较完整的小组服务过程，从需求调查到小组的规划与进行，都为我们展示了一个较好的小组活动运作的程序。

在服务视角上，能够从增能理论着手，以提升服务对象的能力为基本的目标，展现了社工注重服务对象优势与能力的视角。在服务设计与服务过程中，社工展现了多方面的专业知识与能力。如在需求评估中，能够引入量表进行测量，为服务提供了较为明确的证据，也为服务成效评估提供了基线数据。在服务活动中，也根据具体的服务目标引入了专业的社工技巧，如角色扮演、小组分享等，体现了社工一定的专业能力。

建议：每节活动之间的逻辑关系以及与活动总体目标之间的关系没有阐明，可以对此具体说明，或者加以适当调整；标题中“启智时光”的表述，似与本小组服务对象的特质不符，更像是针对智能障碍人士的，可做适当调整。

社区篇

项目名称：中途之家

承接机构：嘉定区新成路街道残疾人服务社

人生不设限

——脊髓伤者的社区趣味运动会

引言

亭亭玉立的白百合

1989年，婷婷出生于一个普通家庭，是家里的小天后，清纯、善良。谁料，2005年10月9日，一场突如其来的急性脊髓炎毁灭了一个16岁花季般的少女，病魔笼罩了婷婷一家。父母带着她四处求医问药，但婷婷还是没有逃过一劫，终身瘫痪与轮椅相伴。她与家人一度无法承受这个变故，整个家庭陷入悲观与无助，不愿与外人接触，在痛苦中煎熬。

2011年，“中途之家”服务团队走进婷婷家。初期，社工了解到婷婷伤残后其生活受到严重影响，她变得自卑、孤独、敏感等。自从婷婷伤残后，妈妈寸步不离，长年的照顾压力让整个家庭面临着困境。婷婷本人也想做些力所能及的事。

社工了解后与“脊友”（脊髓损伤伤友的简称）一同鼓励她积极参加“中途之家”举办的各类讲座，掌握必要的康复知识。同时，通过资源整合让婷婷参加松江康复中心的专业康复技能训练。使其掌握简单地从轮椅移动到床上，下床移动到卫生间等最基本的生活自理能力。经过自己的不断努力训练，她的自理能力得到了提升，妈妈的照顾压力得到了缓解，她的自信心也慢慢恢复了。终于，婷婷在生病后，第一次露出了笑容……

婷婷16岁伤残后，用尽了父母所有的积蓄，拖垮了整个家庭。她喜欢手工艺品，偶尔也会买些珠子在家串成手机链、餐巾纸盒等。一件件工艺品在她和妈妈的指尖变得惟妙惟肖。

当今社会是网络社会，不出门就可以通过网络来实现自我价值，一个网络就业的梦想在她的脑海中逐渐呈现。

在众人的支持和协助下，"幸福转不停"淘宝网店就这样开业了，婷婷成为一名名副其实的店主。她将许多残疾人制作的作品通过网络介绍给大家，也将脊髓损伤者自强不息的精神传递给更多的人，她的妈妈也成为社区志愿服务的热心参与者。

前不久，她又参加了区残联的网络创业、网络传媒等培训，使自己的职业道路变得更宽、更广。

轮椅使她成为一名折翼的天使，让她的精神生活如此枯燥、乏味。她是一个有文化、有文艺细胞的女孩；她克服一切困难，逐渐敞开心扉，积极面对人生，一步一步走出家庭、走进社区、接触社会、融入社会。在"中途之家"活动中，婷婷主持了多次节目，她还成为市阳光康复中心、嘉定艺术团的文艺骨干，并参加了轮椅团体舞蹈的多次演出。她以柔美的舞姿传递着一名脊髓损伤者的自强精神。

她告诉我们："活在当下，你的现在是由你的过去决定的，你的未来将由你的现在决定。"

一、案例背景

脊髓损伤是中枢神经的损伤，这种损伤是不可逆转的。它的医疗康复目前为止还是医学难题。因此，脊髓损伤人士是肢体残疾者中最为痛苦的人群。从生理上，他们通常大小便失禁，感觉、运动功能障碍；从心理上，他们表现出忧伤、悲观、自卑等不良情绪。

由于社会经济快速发展，交通事故、意外伤害、自然灾害等频频发生，脊髓损伤者有逐年增多的趋势。目前，全国 2 500 万肢体残疾者中脊髓损伤者超过 100 万人，并以每年 1 万人的速度递增。多数脊髓损伤者在初次患病经过治疗，病情稳定之后待在家中休息，难以得到正规康复训练的机会，他们的康复效果、生活质量以及社会融入急待改善。脊髓伤者“中途之家”项目由此应运而生，自 2011 年起，嘉定区新成路街道残疾人服务社连续 6 年承接区残联助残公益项目“中途之家”。

嘉定区脊髓伤者“中途之家”项目引入社会专业力量，整合社区资源，为辖区内有需求的脊髓伤者提供上门康复服务，如上门更换导尿管、健康体检、康复指导等，并提供适宜的康复服务场所，提倡发挥有经验伤友的作用，让伤友主动开展自助与互助，提高脊髓损伤者的生活质量，让更多的伤友从病床回归社会的“家”。在“中途之家”里，伤友们不仅可以参与康复训练、得到有效的康复指导，比起身体上的康复，更多的作用体现在精神上的康复——社会融入。“中途之家”组织了更多的伤友参加更丰富的社区活动，通过伤友之间的交流沟通，重拾积极、乐观的生活态度，以期达到全面康复的目的，真正做到“中途之家，伤友的第二家园”。

二、需求分析

经走访调研，笔者发现服务对象致残后缺乏自我康复与锻炼意识，与外界接触、互动的机会甚少，参与社会活动的内容又比较单一；家属日夜照顾脊髓伤者的日常生活，如进食、洗漱、穿脱衣、大小便管理等，照顾压力巨大，直接影响家庭关系，整个家庭对未来不抱有希望。

（一）脊髓伤者的需求

1. 身体机能的康复需求。运动可以促进脊髓伤者身体各部位的锻炼，使肌肉紧张程度得到缓解，预防或减轻肌肉萎缩，较好的锻炼有助于增强其运动功能。

2. 生活自理能力的恢复和提升需求。坚持康复锻炼可以提升脊髓伤者的生活自理能力，减少其对家属的依赖，从而也更有信心展现自我价值。

3. 增强社会支持的需求。运动能够满足脊髓伤者的精神文化需求，使他们与周围世界增加接触，学会展示自我、超越自我和获得平等参与社会生活的有效途径。

（二）脊髓伤者家属的需求

脊髓伤者家属长期照顾患者身心疲惫，提高伤者自理能力可以适当缓解家属的照顾压力，使照顾者们有一个喘息的机会，让疲惫的身心得到舒缓。

脊髓伤者运动的意义要比健全人重要得多。运动会对脊髓伤者而言具有极大的困难和挑战，然而运动元素放在康复服务中具有独特性，因此应尝试开办更大范围的综合性运动会。

三、理论模式

（一）自我效能感

“自我效能感”是美国著名心理学家班杜拉于20世纪70年代在其著作《思想和行为的社会基础》中提出的，是人们对自身能否利用所拥有的技能去完成某项工作行为的自信程度。如果人预测到某一特定行为将会导致特定的结果，那么这一行为就可能被激活和被选择。由于不同活动领域之间的差异性，所需要的能力、技能也千差万别。一个人在不同的领域中，其自我效能感是不同的，因此，并不存在一般的自我效能感，任何时候，自我效能感都是与特定领域相联系的。个人自身行为的成败经验，如果有成功经验，并且把成功的因素归因在个人内部，那么就会增强自我效能感。故而，如果为脊髓伤者创造一个运动环境，让他们去获得成功经验，那么就能提高他们的自我效能感。

（二）优势视角

“优势视角”是一种关注人的内在力量和优势资源的视角，意味着应当把人们及其环境中的优势和资源作为社会工作助人过程中所关注的焦点，而非关注其问题和病理。优势视角基于这样一种信念，即个人所具备的能力及其内容资源允许他们能够有效地应对生活中的挑战。优势视角着重于挖掘案主自身的优点，帮助案主认识其优势，从而达到解决案主外在或潜在问题的目的。帮助服务对象进行自我挖掘和自我增能，最终帮助服务对象获得自信和自我价值感，从而改善自己和社会对残障失能的“标签化”。

社工以趣味运动会的形式，将关注点投向案主自身的优势与潜能，调整其伤残导致的悲观生活态度，使案主以积极乐观的生活信念正确对待伤残后的生活。每个人都有潜能让自己和他人看到自身的优势，提升自我效能感，也倡导改变社区对残疾人的看法。

四、服务目标

（一）服务目标

总体目标：“生命在于运动”，运动是残疾人康复的一个重要组成部分。为此，通过运用适合脊髓伤者的趣味赛这一方式来挖掘伤者潜能，帮助他们寻找康复信念，提升自我效能感，从而正确看待自己的生理和心理，增强与家属间沟通，促进家庭关系，使其重新融入社区、回归社会。

（二）具体目标

1. 帮助脊髓伤者通过运动会发现自身的两个优势。

2. 促进脊髓伤者通过运动会改善家庭关系。

3. 通过运动会增强脊髓伤者的朋辈支持系统。

（三）中长期目标

1. 通过运动会帮助脊髓伤者提升康复信念，坚持每日锻炼半小时。

2. 帮助脊髓伤者通过运动会提升参与社区活动的积极性，如至少每半年一次。

五、服务计划

(一) 服务程序

1. 活动主题:“快乐运动、健康生活”——脊髓伤者“中途之家”康复趣味运动会

2. 活动时间:2016年10月21日下午13:00—15:30

3. 活动地点:新成路街道文化体育中心

4. 参加人员:嘉定“中途之家”服务对象及其家属、阳光康复中心“中途之家”艺术团成员及家属、社工、医务人员、志愿者等

5. 人数:90人左右

6. 活动类型:互助支持类

(二) 活动招募和宣传

1. 活动招募

志愿者:通过海报宣传、志愿者团队报名、第三方机构招募等方式进行招募

家属、伤友、医务人员:通过社会海报、微信、QQ、电话等方式进行招募

2. 宣传

微信、网站、报刊

(三) 调查准备期

1. 项目组邀请阳光康复中心“中途之家”艺术团一起联谊,访谈嘉定区“中途之家”伤友及家属是否有意愿与他们共同活动。

2. 访谈伤友及家属,了解他们愿以什么样的形式开展联谊活动。

3. 了解街道文化体育服务中心无障碍设施情况。

4. 资源整合,获得街道一级领导的支持以及上海科学技术职业学院的支持。

(四) 筹备期(见表 13－1)

表 13－1 “快乐运动、健康生活”筹备表

时 间	服 务 内 容
2016 年 5 月	完成活动设计,确定活动计划书
2016 年 6—7 月	完善活动计划书
2016 年 8 月	联系活动场地,与街道文化体育服务中心做好充分的沟通工作,就相关的各类事项达成共识,并明确双方的工作与职责
2016 年 9 月	1. 准备好游戏项目所需的工具、辅助材料以及各类物品; 2. 召开工作人员会议,明确其责任; 3. 针对运动项目规则和服务对象特点等注意事项,对项目志愿者进行培训和讲解; 4. 提前一周与服务对象做好沟通工作,并邀请其家人一同参与,强调出行安全
2016 年 10 月	活动实施、活动宣传工作、活动反思总结

(五) 活动计划大纲(见表 13－2)

表 13－2 “快乐运动、健康生活”活动计划表

时 间	活动名称	目 标	具 体 内 容	活动物资
12:45—13:00	音乐《火之战车》	营造轻松氛围	签到、交流	照相机、音响等
13:00—13:05	致辞;规则说明	确保参赛者安全	介绍来宾和参与者;介绍参赛规则	麦克风、照相机
13:05—13:15	热身运动	活动展开时避免身体伤害	《轮椅操》	麦克风、照相机、音响等
13:15—14:30	运动会	增强参与社会生活的能力,提升康复理念	玻璃珠搬家、一气呵成、轮椅障碍赛、定点投篮	麦克风、照相机、所需道具等
14:30—14:45	文艺会演	展现积极乐观的生活态度	舞蹈《我有我的 young》、合唱《我的未来不是梦》	麦克风、照相机、所需道具等
14:45—14:55	有奖竞答	掌握康复知识,提升康复理念	日常康复知识	麦克风、照相机、音响等

续　表

时　间	活动名称	目　　标	具体内容	活动物资
14:55—15:15	分享交流	发现自身优势，并得到同伴的鼓励	热身(爱的鼓励)； 分享：a 分组讨论(采用抽签方式)，b 分享内容(感受、收获)，参与人员如伤友或家属(采用自评和互评)，c 评委为运动会项目打分	麦克风、照相机、音响等
15:15—15:25	颁奖	增强荣誉感	颁奖； 获奖感言； 活动总结	麦克风、照相机
15:25—15:30	合影留念	结识朋友，提升团队凝聚力	合影留念	麦克风、照相机等

(六) 活动可能出现的问题及解决方案(见表 13－3)

表 13－3　“快乐运动、健康生活”活动问题及解决方案表

预　计　困　难	解　决　方　案
1. 碰到天气问题，如遇雨天	提前电话通知，更改活动时间，时间将另行通知
2. 活动中出现冲突(如对竞技类比分存疑等)、争执等情况	社会工作者及时沟通协调、进行劝解，以裁判判定的结果为主要准则
3. 活动中可能出现的意外伤害事故	活动前强调安全的重要性； 工作人员排除安全隐患； 对活动中可能出现的擦伤、刮伤等，现场医护人员随时待命，以便尽快做好医护处理，严重者送医就诊
4. 场面混乱	社工和志愿者维持现场秩序

(七) 活动预算(见表 13－4)

表 13－4　“快乐运动、健康生活”活动预算表

物　　资	份　　数	金　　额
背景版面	1 块	1 000 元
趣味运动会所需道具	30 个	500 元
水	6 箱	150 元

续 表

物　资	份　数	金　额
礼品	90份	4 500元
交通补贴	30户	1 500元

(八) 活动评估

1. 过程评估

在活动过程中，社会工作者全程进行参与式观察。评估服务对象的积极性，与同辈和家属之间的互动程度。

2. 结果评估

(1) 目标达成情况评估。社工和服务对象根据目标来确定介入后的方向，在介入过程中和介入结束时用等级尺度来衡量介入后的行为并进行核对，从而发现介入前后服务对象的行为变化。

(2) 服务对象满意度评估。由服务对象用口头或书面形式，如填写问卷来表达对活动介入的看法。

(3) 差别影响评分。由服务对象对介入影响进行自我陈述，报告自己参与活动后的变化。

(做好活动过程记录和结果记录，将活动的前期计划与活动后的成果做对比，评估计划中的目标是否达到，达到程度如何，是否发生意外状况且如何处理，服务对象及其家属在参与活动前后的生活态度有何变化。)

六、执行过程

(一) 动员策划，着力“价值挖掘”

在活动策划初期，社会工作者向伤友和家属了解到，脊髓伤者致残后几乎从未参加过趣味运动会，尤其是具有康复意义的运动会。所以社会工作者借鉴了社会工作优势视角理论和自我效能感，希望引导伤友及家属积极融入社区活动。

（二）康复运动，提升康复意识

“快乐运动，健康生活”活动致力于脊髓伤者信心的重塑和社会归属认同的挖掘，以提升残疾人家庭生活幸福指数和社会归属感。在正式实施阶段，社会工作者关注挖掘潜能，设置热身运动、运动比赛、文艺会演、康复知识竞答、分享交流、合影留念等环节，遵循“热身—互动—发展—高潮”的社区工作方法。

1. “热身运动”，避免意外发生

《轮椅操》是一套适合脊髓伤者的康复运动操，社会工作者通过开展热身运动，使伤友的头部、颈椎、腰椎以及臂部等得到很好的锻炼。

在场的每位伤友积极参与热身运动，体验趣味运动比赛，同时也尽量避免意外事故的发生。

2. “趣味运动”，挖掘自我潜能

社会工作者鼓励现场的每位伤友主动报名，积极参与趣味运动比赛，通过形式多样的文体活动增强伤友们的活动能力，拓宽其社交网络，丰富其精神生活，展现残障朋友努力自信的精神风貌。

经调查和康复医生的综合衡量，针对脊髓伤者，社工设计了以下运动项目。

“玻璃珠搬家”，参与者在一分钟内用筷子把玻璃珠从大碗内夹到自己所属的小碗内，转移最多玻璃珠者得胜。通过夹玻璃珠动作训练脊髓伤者的上肢功能，充分利用肢体剩余功能，不断地训练，以达到生活部分自理、减轻家属照顾压力的目的。

“一气呵成”，脊髓伤者一口气将乒乓球吹过指定距离线，每人 10 个乒乓球，将球吹过线多者为胜。以“吸气—屏息—呼气”三个步骤来完成此项目，让脊髓伤者通过锻炼增强肺活量，减少呼吸功能障碍并发症的发生。

“轮椅障碍赛”，5 米×1(折返)，每 1.5 米设立一个障碍物，伤友需坐在轮椅上，滑动轮椅绕过障碍物，用时最短者获胜。通过障碍赛锻炼伤者手臂力量，鼓励伤友每次外出时自行滑行，减少照顾者的陪同压力。

每项运动都具有特定的康复意义，既有趣味性又能方便在家进行训练，以运动的方式鼓励伤友提高自我康复意识，锻炼有限的肢体功能，提高生活自理能力，减轻家属的照顾压力，提升自我效能感。

3. “文艺会演”，展现自强精神

阳光康复中心“中途之家”艺术团成员通过舞蹈《我有我的YOUNG》、歌曲《我的未来不是梦》等激励人心的歌舞鼓舞着身边的每一位成员，通过才艺表演给予伤友们一种肯定自我、鼓励自我，实现自我增能的效果。

4. “康复竞答”，提升康复理念

康复知识竞答包括日常护理、无障碍设施使用等内容，通过有奖问答的形式，使伤友和家属们既巩固了日常康复知识，又提高了大家参与的积极性。

5. “分享交流”，增进彼此了解

伤友代表分享了参与本次活动的感受和体会，通过自评和互评的方式，让参与者们深深体会到“你行，我也行”的真谛。从而引导伤友们树立自信、自强的生活态度，伤友们也借此机会分享了自己致残后改变的过程，榜样的力量感染的身边的每个人。

6. “合影留念”，增进归属感

最后通过合影留念，把整个活动的高潮定格在这一刻。参与运动会的脊髓伤者家属纷纷表示，非常高兴参加这类活动，让他们感受到了“中途之家”的温暖，也从彼此的交流和学习中找到了自己新的人生定位。

七、服务成效

脊髓伤者趣味运动会结束后，参与者进行了自我参与度评估，发现无论是对个人还是家庭的认识都有了很大的提高。

（一）测量的方法

社工采取了量表测量法、访谈等进行测量，其中问卷量表使用了活动满意度表、自我参与评估表。在访谈环节，主要通过社工观察以及激发参与者主动表达自己参与运动会的感受等方式进行。通过自评表、满意度测量、访谈记录等，综合得出评估的结果和成效。

（二）测量的结果

以下为脊髓伤者趣味运动会自我参与评估表的分析结果。

自我参与评估表的主要内容：了解自己、不知道自己的优点、不自信、依赖别人、经常与家人互动、“别人可以我也可以”的改变程度等。其中量表是以“－5”到“5”为纬度，通过前后侧评估，反映活动前一个月和参与活动后的改变。

从表 13－5 和 13－6 中可以看出，脊髓伤者参与活动后，在自我认同程度上有了不同程度的改变，尤其在“不自信”和“依赖别人”方面有了明显的改善，他们也愿意参与此类活动。

表 13－5　脊髓伤者趣味运动会自我参与评估表（前测〈一个月前〉）汇总

自我认同程度比例（分值从－5 至 5）					
了解自己	不知道自己的优点	不自信	依赖别人	经常与家人互动	“别人可以我也可以”
51%	64%	62%	62%	73%	51%

表 13－6　脊髓伤者趣味运动会自我参与评估表（后测〈活动当天〉）汇总

自我认同程度比例（分值从－5 至 5）						
了解自己	不知道自己的优点	不自信	依赖别人	经常与家人互动	“别人可以我也可以”	喜欢参与此类活动
85%	84%	7%	18%	91%	82%	94%

对于“快乐运动，健康生活”社区工作的成效评估，社会工作者围绕“重拾信心”“家庭和睦”“融入社会”三个方面进行。

对于“重拾信心”，社会工作者在分享交流中让脊髓伤者进行自评和互评，参与者普遍认识到康复的重要性，对自己的人生也有了新的认识，也增强了面对新生活的信心，提升了自我效能感。

与家人互动的频率呈现递增的趋势，他们更容易接受自我、融入社会。

跨区联谊使脊髓伤者结识了新朋友，建立了有效的支持系统。继而通过活动倡导社会各界人士了解和关爱残障人士，并提供合适的社会支持。

八、专业反思

“快乐运动，健康生活”主题活动的策划实施主要借鉴了自我效能感和社会工作优势视角理论。笔者也是第一次从理论学习、策划到评估案例，学习到了专业社会工作中的社区工作方法。针对“中途之家”伤友及其家属优势视角的发现过程，探索出“发现自身优势→重拾生活信心→促进家庭和睦→增进社会归属”的途径，有效地促进了伤友及其家属的生活质量。

笔者第一次在对脊髓伤者的服务中创新运用了运动会的模式，有效提升了脊髓伤者的自我效能感。运动会充分利用社区资源，如此次活动的奖品均由上海科学技术职业学院捐赠，且该校也派遣大学生志愿者团队提供全程服务。项目所在地的街道文化中心无偿提供活动场地。

在服务对象中还有中度和重度的脊髓损伤者，他们同样需要不同的方式和途径来实现自我价值。面对服务对象，社工始终相信劣势可以变为优势。在这个“重生”的过程中，社工除了扮演使能者的角色，还与服务对象建立了伙伴关系，与服务对象一起挖掘潜能，努力做更好的自己。

九、社工感悟

一名社工，一份崭新的职业，“我”能做什么？“我”将走过怎样的心路历程？六年来，“我”用“我”的眼睛，“我”的心灵记录着每一个春夏秋冬……

社工不是万能的，很多时候，社工只能做一个陪伴者，给予服务对象关注、支持、鼓励、信任和安全感，与他们并肩，帮助他们克服困难，寻求社会正义，让他们从受助者向自助者、助人者转变，从而成为更好的自己。

“路漫漫其修远兮，吾将上下而求索”！

十、附件

附件 13－1：活动积分卡

（正面）

积分卡

项 目 名 称		第一回	第二回	第三回	第四回
个人类	玻璃珠搬家				
	一气呵成				
	轮椅障碍赛(手动)				
	轮椅障碍赛(电动)				
家庭类	定点投篮				

参赛者：　　　　2016.10.21

（反面）

附件 13－2：项目比赛规则

脊髓伤者趣味运动会比赛项目规则

个人类项目：

项目名称	道　具	项目规则	备　注
玻璃珠搬家	玻璃珠若干、1只大碗、若干小碗、筷子若干双	伤友或家属参与，每人必须用筷子将大碗内的玻璃珠夹到自己所属的小碗里（注意：中途掉了的不算），计时1分钟	一分钟内夹到小碗内的玻璃珠最多者得胜
一气呵成	乒乓球10个、障碍物、道具布	一口气将乒乓球吹过指定距离线	将球吹过线多者为胜
轮椅障碍赛	障碍物3个、轮椅（电动与手动分开比赛）	5米×1（折返），每1.5米设立一个障碍物，伤友需坐在轮椅上，滑动轮椅绕过障碍物，轮胎碰到障碍物延时1秒钟	用时最短者获胜

家庭类项目：

定点投篮	乒乓球20个、篮子2个	伤友和家属两两配对，其中一个拿着篮子站在3米外的圆形活动区，另外一个站在红线外，把所有乒乓球扔完后计算投入篮子内乒乓球的个数	哪一组篮子内的乒乓球多，就胜

附件 13－3：脊髓伤者趣味运动会记分表

脊髓伤者趣味运动会记分表（一气呵成）

序号	姓名	数　量	序号	姓名	数　量
1			8		
2			9		
3			10		
4			11		
5			12		
6			13		
7			14		

续 表

序号	姓名	数　量	序号	姓名	数　量
15			23		
16			24		
17			25		
18			26		
19			27		
20			28		
21			29		
22			30		

记录者：

附件 13－4：活动评估表(前测)

脊髓伤者趣味运动会自我参与评估表(前测)

您对下列问题的认同程度，请在该数字上打“√”。

1. －5　－4　－3　－2　－1　0　1　2　3　4　5

不了解自己　　　　　　了解自己

2. －5　－4　－3　－2　－1　0　1　2　3　4　5

我不知道自己很多缺点　　　　　　我知道自己很多优点

3. －5　－4　－3　－2　－1　0　1　2　3　4　5

我不自信　　　　　　我很自信

4. －5　－4　－3　－2　－1　0　1　2　3　4　5

不信赖别人　　　　　　信赖别人

5. −5　−4　−3　−2　−1　0　1　2　3　4　5

不与家人互动　　　　　　　　　　　　　经常与家人互动

6. −5　−4　−3　−2　−1　0　1　2　3　4　5

“别人可以我不可以”　　　　　　　　　“别人可以我也可以”

填表人：

填表日期：　　年　月　日

附件 13－5：活动评估表(后测)

脊髓伤者趣味运动会自我参与评估表(后测)

您对下列问题的认同程度，请在该数字上打“√”。

1. −5　−4　−3　−2　−1　0　1　2　3　4　5

不了解自己　　　　　　　　　　　　　　　　了解自己

2. −5　−4　−3　−2　−1　0　1　2　3　4　5

我不知道自己很多缺点　　　　　　　　我知道自己很多优点

3. −5　−4　−3　−2　−1　0　1　2　3　4　5

我不自信　　　　　　　　　　　　　　　　　我很自信

4. −5　−4　−3　−2　−1　0　1　2　3　4　5

不信赖别人　　　　　　　　　　　　　　　　信赖别人

5. −5　−4　−3　−2　−1　0　1　2　3　4　5

不与家人互动　　　　　　　　　　　　　经常与家人互动

6. —5　—4　—3　—2　—1　0　1　2　3　4　5

“别人可以我不可以”　　　　　　“别人可以我也可以”

---

7. —5　—4　—3　—2　—1　0　1　2　3　4　5

不喜欢参与此类活动　　　　　　喜欢参与此类活动

填表人：

填表日期：　　年　月　日

附件 13－6：满意度评估表

脊髓伤者趣味运动会满意度评估表

活动时间：2016 年 10 月 21 日

活动地点：新成路街道文化体育中心

活动主题：“快乐运动、健康生活”——嘉定区脊髓伤者“中途之家”康复趣味运动会

【请在相应的空格里打“√”】

评估项目		5. 非常好	4. 好	3. 一般	2. 不好	1. 很差
关于内容	活动目标明确性					
	活动内容的适用性					
	活动的趣味性					
	活动安排的安全性					
关于带领者	表达能力					
	亲和力					
	活动开展时的逻辑性					
	鼓励伤友参与的程度					
	把握活动进度的能力					
后勤安排	活动时间安排的合理性					
	活动前联络工作					
	活动场地及物资准备					

续 表

评 估 项 目		5. 非常好	4. 好	3. 一般	2. 不好	1. 很差
其他	本次活动中您认为哪些内容对您帮助最大?					
	本次活动中您认为最需要改进的地方是什么?					

填表人:

附件 13－7:访谈记录表

脊髓伤者趣味运动会访谈记录表

姓名________ 性别________ 年龄________

1. 经过此次活动,您感到自己有什么变化?

2. 通过活动,写出自己的两个优点?

3. 您对我们活动有何建议?

4. 您最希望下次活动有什么内容?

填表日期: 年 月 日

附件 13－8：活动照片

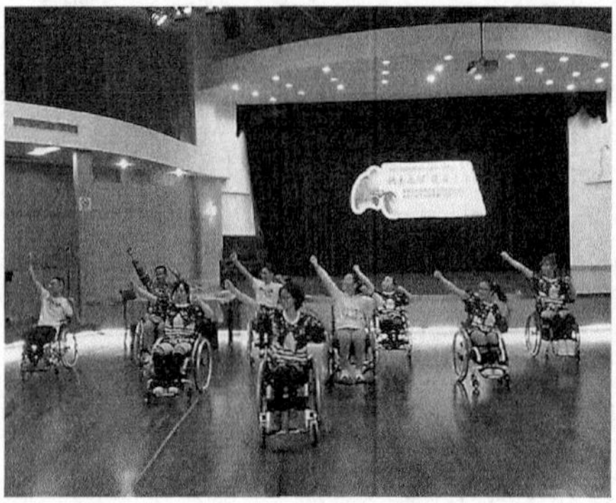

图 13－8－1　热身运动(轮椅操)

图 13－8－2　热身运动(玻璃珠搬家)

图 13－8－3　运动项目(定点投篮)

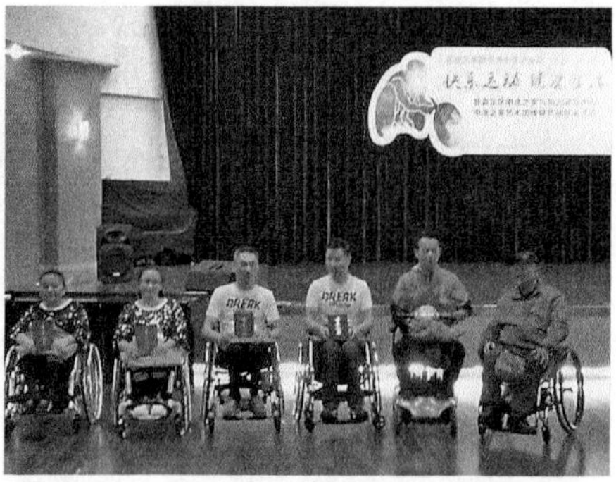

图 13－8－4　伤友交流分享收获荣誉

图 13－8－5　志愿者团队合影留念

督导点评

本案例将运动会的形式应用在脊髓损伤者的康复服务中，具有创新性。项目社工为脊髓损伤者提供服务已有六年，在此领域具有丰富的服务经验。社工将脊髓损伤人士的康复需求巧妙地设计成运动会的多种项目，借助运动会的形式提升康复锻炼的趣味性。活动设计贴合服务对象的需求，十分有特色。

本案例是社工对社区工作方法学习与应用的成果之一。社工从学习社工理论开始，在优势视角和自我效能的理论指导下开展需求评估、设计活动方案、执行活动、评估、撰写案例；在此过程中社工实践了理论与实务相互结合。

值得一提的是，社工在本案例中运用了满意度问卷、自我评估前后测、访谈评估等多种方法对服务进行评估，从多方面说明了服务成效。同时，社工能够把整个服务过程和所有的服务素材进行梳理并呈现在案例中，为更多的同仁提供了参考和有益借鉴。

项目名称：嘉定区"阳光志愿者"总队

承接机构：上海嘉定区关爱残疾人康复培训中心

"爱心联盟"

——助残志愿者增能反哺服务

一、案例背景

嘉定区阳光志愿者总队成立于2012年11月30日，截至目前，共招募、注册助残志愿者900余名，包含康复服务、特殊教育、居家服务等11支助残志愿者分队和20个阳光志愿者服务基地，服务嘉定区2万余名残障人士。

通过"阳光志愿者"总队项目近4年的运作，为社会公众提供了一个关注助残事业、奉献爱心的平台，也为广大亟须帮助的残疾人提供一个受助渠道。随着经济社会的发展，残疾人的需求不断涌现，对志愿者的服务要求也在逐渐增高，助残志愿服务的压力也逐步增大。

根据助残志愿者的需求，今年(2016年)推出"反哺"机制，呵护志愿者的热情，让志愿者在付出的同时也得到收获，反哺志愿者对助残服务的支持，答谢助残志愿者的辛勤付出，项目定期开展"志愿者爱心联盟"增能反哺活动，搭建了一个感恩志愿者的平台，通过助残志愿反哺行动把助残志愿者的时间储蓄变成具体的社会回报。

二、需求分析(见表 14－1)

表 14－1 “爱心联盟”服务需求分析表

事　件	困难或表现	需　求
志愿者A长期与重度残疾人上门结对,提供精神慰藉服务	久而久之,志愿者A面对残障人士的遭遇,产生忧郁、低落等情绪	心理关注：关注志愿者内心压力与负面情绪的宣泄,给予其支持与关注
在阳光志愿者总队中,许多志愿者本身也是弱势群体(残障人士、老年人、家庭困难人士等)	比其他志愿者需要更强大的心理承受能力	
在助残服务中,志愿者B受到残障人士的冷眼,残障人士觉得志愿者的服务是理所当然的,并提出许多无理要求,对服务吹毛求疵	陷入助残志愿服务困境,不被残疾人认可,自我价值感受到影响	技能提升：服务技能的提升训练,满足残障人士的需求,取得对方的认可
长期将大量的时间用在助残志愿服务上	逐渐产生服务疲劳,不受朋辈群体的理解和支持,甚至出现服务阻止的现象	服务反馈：志愿者的付出能得到物质和精神上的及时反馈
90%以上的志愿者认为助残服务相比一般的志愿服务压力较大,在遇到挫折、困难时得不到帮助与关爱	阳光志愿者总队注册、登记人数与往年相比正逐步减少	社区环境：在支持、尊重、关爱志愿者的氛围中开展服务
助残志愿者队伍之间彼此的联系交流较少	个人成长和能力提升较慢,服务积极性和行动力减弱	自助互助：增进志愿者之间的交流与合作,经验共享;形成志愿者互助支持系统

三、理论模式

社会学习理论的创始人班杜拉从社会学习的视角出发,在1977年提出了自我效能理论,用以解释在特殊情景下动机产生的原因。自我效能感是个人对自己完成某方面工作能力的主观评估。评估的结果如何,将直接影响到一个人的行为动机。自我效能理论一经提出,就引起了动机心理学家们的极大兴趣。班杜拉对心理学的主要贡献之一在于他提出了社会学习理论。在社会学习理论中，既可以看到行为主义的影子，又可以看到认知心理学的影响。他坚持行为主义心理学的一些基本观点，如强调研究人类的行为，强调客观化的研究原则，强调学习中强化的作用；但另一方面，他也探索了内部的心理过程，强调自我因素对行为的中介调节作用。他主张行为和认知的结合；主张必须以环境、行为、人三者之间的交互作用来解释人的行为。

在“志愿者爱心联盟”增能反哺活动中，社会工作者挖掘志愿者的需求及潜能，并搭建一个感恩志愿者的沟通交流平台。在此过程中，社会工作者通过整合社会资源，提升志愿者骨干的能力，及时给予志愿者身、心、灵、社等方面的关注与支持。志愿者骨干能力提升后，共同参与策划和决定志愿服务，优化助残志愿者的激励和评估机制，提高志愿者助残服务的参与率，促进志愿者各项能力的发展与成长，提升志愿者的自我价值感，进而提高助残志愿服务的质量和满意率。

四、服务目标

（一）总目标

搭建感恩志愿者的平台，促进志愿者核心骨干团队的塑造，构建助残服务支持网络系统。整合社会资源建立反哺机制，凝聚志愿者骨干团队，通过助残志愿反哺使助残志愿者的时间储蓄变成具体的社会回报，营造良好的公益反哺氛围。

（二）具体目标

1. 关注志愿者的自身成长，认可服务并给予支持，答谢对志愿服务的辛勤付出，提升自我价值感。

2. 加强志愿者骨干团队的能力建设，促进志愿者骨干的联系，给予服务技能训练，提升服务技能，满足残障人士需求。

3. 感谢志愿者的辛勤付出，及时给予物质和精神上的反馈。

4. 整合社会资源，在支持、尊重、关爱志愿者的氛围中开展服务，推广宣传反哺服务。

5. 增进志愿者彼此间的交流合作，经验共享，形成志愿者互助支持系统。

五、服务计划

1. 搭建志愿者分享互动、自我展示的自助互助平台，通过反哺系列活动关注志愿者内心压力与负面情绪的宣泄，给予支持与关注。

2. 定期开展志愿者核心骨干分享会、实务工作坊、优秀志愿者事迹交流，传递正能量，塑造团队精神。

3. 给予志愿者骨干服务反馈和祝福，根据助残志愿者服务的时间累计，凡参加志愿服务时间累计达到30个小时以上的，认定为"星级助残志愿者"，对满足条件的助残志愿者发放反哺服务手册。

4. 招募助残爱心店加盟阳光志愿者增能反哺并授牌，制作志愿者反哺手册，各位助残志愿者持反哺服务手册在各个爱心店消费时，根据服务手册中的优惠项目和价格给予折扣或提供相应的服务；以公益"反哺"的形式激励、回馈志愿者，整合社会助残资源，弘扬志愿者精神，营造全区扶残助残的良好氛围。

5. 以增能反哺活动的形式答谢对志愿服务辛勤付出的志愿者，增进志愿者的合作交流、经验共享，提升志愿者的自我价值感，构建助残服务支持网络系统。

六、服务内容(见表14－2)

表14－2 "爱心联盟"服务内容表

时间	人数	地点	内容	需求
2016年3月27日(周日)	15人	逸美时光咖啡馆	1. 助残志愿者服务回顾及经验分享； 2. 助残志愿团队领袖相互认识与交流； 3. 反哺手册情况介绍	心理关注、服务反馈、社区环境

续　表

时　间	人数	地　点	内　容	需　求
2016 年 6 月 25 日(周六)	21 人	财智金岸水咖啡馆	1. 助残志愿服务分享交流； 2. 植物治疗：多肉盆栽种植	心理关注、服务反馈
2016 年 8 月 25 日(周四)	17 人	嘉定区残联五楼多功能厅	1. 学习为残障人士服务的专业实务技巧及理论知识； 2. 现场模拟实务工作坊	技能提升、自助互助
2016 年 9 月 24 日(周六)	15 人	罗宾森大地数字影院	观看影片《雷锋在 1959》	心理关注、自助互助

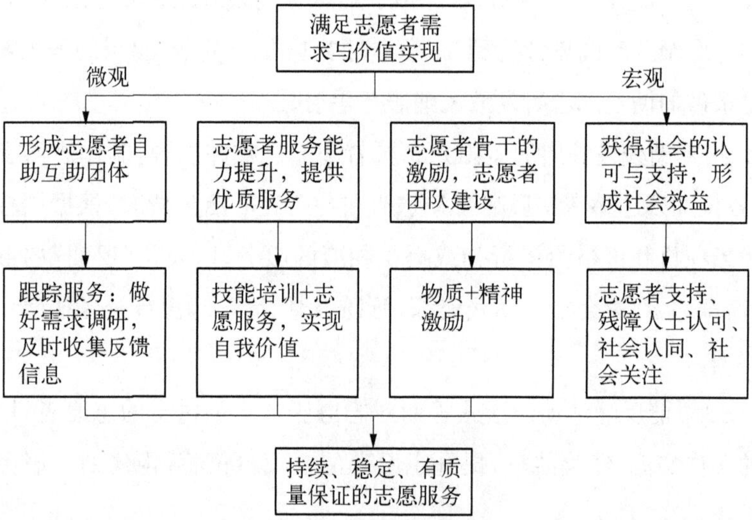

图 14-1　“爱心联盟”服务框架图

七、执行过程

(一) 温暖答谢志愿者，交流感情、分享经验

2016 年 3 月 27 日，活动通过团队合作游戏展现自我，增进助残志愿者团队领袖的认识与熟悉度。由手拉手志愿者团队 L 队长分享助残志愿服务经验——“如何做一名合格的志愿者领队”。在分享中，他热情洋溢地讲道：“一名合格的志愿者领队同时也是一名志愿者，志愿者之间不应该有等级上

的高低，不管是志愿者还是残障人士，本质上都是合作伙伴，必须得到百分之百的尊重。对残障人士多点宽容和肯定，少点批评和指责，一定能营造一个良好的助残志愿氛围，一定能使更多的志愿者团结在我们身边，我们变得强大后才能帮到更多需要帮助的人们。"在场的志愿者们听后都表示感同身受，踊跃发言，积极为助残、扶残事业出谋划策，取得了良好的效果。此外，社会工作者对机构和项目做简单的介绍和活动回顾，介绍了志愿者反哺机制。项目组整合社会资源，携手25家爱心助残店从衣、食、住、行等方面给予助残志愿者爱的呵护，向"星级助残志愿者"推出志愿者反哺手册(其中包括生活类商家8家、餐饮类商家9家、便民类商家3家、休闲类商家5家)，志愿者们持证可享受助残爱心店提供的5—9折消费折扣或免费服务。活动在志愿者们共度午餐后圆满结束，项目组感谢每一位充满正义与爱的志愿者朋友。活动促进了彼此之间的认识与情感交流，凝聚了阳光志愿者团队力量。

(二) 志愿者团队能力建设，服务减压快乐服务

2016年6月25日的活动中，社会工作者将特色助残志愿服务通过PPT的方式进行展示分享，对志愿者的付出表示肯定。随后，志愿者团队骨干们进行自我介绍，并根据自己团队参与、策划、组织助残志愿服务的情况做相互交流，增强彼此认识与团队凝聚力。

此外，项目组还邀请园艺师为志愿者们带来了一堂调节身心的"植物课堂"；以创新、开拓的思路，以植物治疗的方式关注助残志愿者的内心压力，帮助他们宣泄负面情绪。志愿者们动手种植多肉植物，通过植物治疗的方法来缓解压力，宣泄了负面情绪，社会工作者也对他们的压力与负面情绪给予支持与关注。

在活动中，更加注重志愿者的分享，挖掘更多的志愿者骨干为项目添砖加瓦。通过《青年报》、嘉定区文明办等平台对活动进行宣传报道，达到了良好的社会效益，使更多的社会人士加入志愿者反哺行列中。

（三）提升助残服务技能，实现自我价值

2016年8月25日的活动中，邀请残障学校特教教师X授课，使助残志愿者了解如何与残障人士正确交流，提供必要的志愿服务。现场志愿者Y提出疑问："在服务中，因为过分的关心或者是同情残障人士，会表现得很压抑甚至是同情，不知如何与其交流。"教师X对其疑问进行解答。在现场的互动分享环节中，X老师进行实务模拟，邀请智障人士共同与志愿者互动并完成游戏。活动结束后，助残志愿者们纷纷表示，今后要保持积极乐观的态度去对待每一位残障人士。实务工作坊教授助残志愿者专业实务技巧及理论知识，改善志愿者与残障人士之间的相处关系，增进彼此间的沟通和交流，调整助残志愿者长期工作带来的心理疲惫感和服务压力。

（四）整合社会资源，营造良好的公益反哺氛围

2016年9月24日，活动以"公益观影"的形式开展，项目组整合社会资源，罗宾森大地数字影院主动承担企业责任，为助残志愿者提供免费观影活动，激励、回馈、感恩志愿者的辛勤付出，建立志愿者彼此之间的互动关系，营造良好的团队氛围。活动中，志愿者们观看影片《雷锋在1959》，学习弘扬雷锋精神，提升残障志愿者的自信心和自我价值感。

八、成效评估

"阳光志愿者"总队项目组凭借整合社会资源、完善制度、规范助残志愿管理工作和加强助残志愿者队伍建设，激励助残志愿长效机制，进一步扩大对各类残疾人志愿服务的覆盖面，有效提高、改善了残疾人的生活质量，促进了社会和谐，为维持社会稳定贡献了一份力量。通过共同参与志愿活动，不同社会群体与阶层之间加强了相互了解和沟通，缓解了社会矛盾，增进了社会信任，对社会问题的消解发挥了积极作用。志愿者让服务对象感受到人间的温情与关怀，帮助服务对象融入社会，增强服务对象的自信心和归属感。通过组织形式多样的助残活动，促进残疾人参与社会生活，促进社会各

界对残疾人及其家庭的了解。志愿者服务他人，是最可爱的人，他们践行良知与善心，温暖弱者和社会，而“爱心联盟”阳光志愿者增能反哺活动则能温暖志愿者，答谢他们对志愿服务的辛勤付出，提升志愿者的自我价值感，构建助残服务支持网络系统，促进社会积极弘扬志愿服务精神，使更多的社会人士改变思想，加入志愿服务。

九、反思与建议

一般的志愿者管理机制过度注重非物质化鼓励，强调服务的纯粹利他性，忽视了志愿者的真实需求与感受。因为志愿者激励的过度非物质化倾向限制了志愿服务的扩容，导致志愿活动周期长、参与人数有限、模式不具有可持续性等问题。管理措施过度重视利他性，忽视了志愿者提供服务是一种利己行为的延伸：获得精神层面的满足、实现自身的人生价值，抑或通过志愿者活动实现某种动机。因此，在助残志愿服务中应以人的发展为中心视角，不能忽视助残志愿者的需求。

十、附件

附件 14－1 “志愿者爱心联盟”增能反哺服务活动现场

附件 14－2 阳光志愿者总队骨干志愿者合影

附件 14 - 3 “星级助残志愿者”反哺服务手册

嘉定搭建感恩平台，推行志愿者反哺手册

近年来，嘉定各镇、街道因地制宜推出一系列“反哺”机制，呵护志愿者的热情，让志愿者在付出的同时也得到收获。近日，为了反哺志愿者对助残服务的支持，答谢助残志愿者的辛勤付出，上海嘉定区[illegible]中心“阳光志愿者”总队项目开展了“志愿者爱心联盟”增能反哺活动，搭建了一个感恩志愿者的平台，通过助残志愿反哺行动把助残志愿者的时间储蓄变成具体的社会回报。

志愿者齐聚，交流感情分享经验

整合社会资源，建立增能反哺机制

附件 14 - 4 “志愿者爱心联盟——增能反哺服务”《青年报》媒体宣传

督导点评

本案例的特点在于从个人需求中挖掘群体需求。服务的设计是从志愿者个人的经历和感受出发，体现了社工对该群体需求长期、持续的观察和理性、积极的思考。同时项目把分散的、具体的志愿者活动提升到理念的高度，不仅仅是为聚会而聚会，或者为奖励而奖励，项目服务内容始终还是和针对弱势群体的服务联系起来，体现了项目理念和服务内容的一致性。

本项目还可以对服务意义做更深层次的思考，除了通过增能反哺维持一群能够提供“持续、稳定、有质量保证的志愿服务”的志愿者队伍，还可以考虑制定志愿者管理制度，积累目前的志愿者激励管理经验和成果，使其更为系统化。针对不同层次、不同动机、不同参与度的志愿者，分别制定有差异的目标、管理方法和策略。

项目篇

项目名称："聋人之友"项目

承接机构：上海嘉定区关爱残疾人康复培训中心

"用爱的雨水浇灌最美丽少年"

——聋人子女支持服务项目

一、案例背景

有这样一群孩子，他们的父母均为听障人士。他们听说正常，却由于家庭原因，被迫活在"无声"的世界里，他们被称为"听二代"。

"听二代"面临缺乏社交能力、社会融入困难以及与父母沟通不畅而导致亲子关系紧张等社会问题，但是他们却是"残健融合"的重要一环。

上海嘉定区关爱残疾人康复培训中心面向初期社会化（5—10 岁）和预期社会化（11—15 岁）这两个阶段"听二代"（以下简称服务对象）的不同问题与需求，探索适合"听二代"的社会化进程与"残健融合"的发展方向，以提升聋人家庭的生活质量。

二、需求分析

1. 修复家庭关系

听障家庭的父母都会对子女产生些许愧疚感，从而导致他们对子女的教养都偏溺爱。长此以往,听障家庭的亲子关系会失衡,导致子女容易产生情绪问题;在子女成长的过程中,需要尽早使他们认识、明确自身角色;而保持家庭关系的平衡也是最关键的。

2. 改善父母与子女间的沟通障碍

服务对象的手语能力都相对较弱,而听障人士们多数都忙于工作,忙于家庭生计,希望供应子女们好的生活条件,而很少和子女交流,很少倾听子女内心的感受。校方与父母交流也存在障碍,缺少家校沟通,因此家长对于子女在学校的情况缺乏了解,缺少沟通桥梁。另外,社区居民也缺乏手语知识,缺乏与听障家庭家长沟通的方式。

上述几个了解子女的沟通渠道都不够畅通,使得很多听障人士缺少机会了解子女真正需要什么。子女也不理解为什么生活中最依赖的亲人对他(她)们总是不闻不问。需要让子女去尝试理解父母、体谅父母的内心,更好地促进亲子和谐。

3. 提高子女的环境适应能力

服务对象对家庭的依赖性都较强,对外界的抵触心理虽然在项目长期开展中已经逐渐降低,但是还是对陌生环境存在着抗拒与抵触。他们在校园中的融入也相对较慢,在公开场合展示自我的能力也相对较弱,融入群体存在困难,对于各类环境的适应能力都相对比较弱。

三、理论模式

“聋人之友”项目借鉴了优势视角理论,社工“一切以案主为出发点”,相信人可以改变,每个人都有神圣不可侵犯的尊严,都应该被尊重都应该受到平等的对待。

优势视角理论认为,生活中虽然面临着危机与困境,但是案主本人和周围环境中也埋藏着巨大的力量和独特的资源。任何环境都充满资源,逆境既是挑战也是机遇。

作为社工,应当发现和寻求、探索与利用案主的优势和资源,协助他们达到自己的目标，实现他们的梦想。面对他们生命中的挫折与不幸，抗拒命运的控制。帮助听障人士发现自己的优势，需要打破他们内在的负面自我定义，协助他们加强自我认同感，提高自信心及掌控未来的能力。其重要目标是协助他们重建自我价值，积极地影响和改善与他们有关的社会环境。

四、服务目标

(一) 总目标

举办各类增能互动活动，增加子女们的知识与信息量；开展各类子女沙龙活动，改善子女的性格，打破他们的负面自我定义；开展手语培训活动，提升他们的手语能力，促进与父母之间的互动和沟通交流；同时使子女成为听障人士与社会之间沟通的纽带，促进听障家庭融入社会。

(二) 具体目标

1. 不定期开展各类亲子互动沙龙活动，让子女打破自我否定的一面，让他们得到更多的信息量，开阔社交面。

2. 开展才艺培训活动，提升他们的手语能力，培育各项才艺，使子女可以和父母间沟通更流畅，性格更自信。

3. 整合社会资源，使听障家庭可以得到更多社会上的支持和鼓励，创建更强大的支持网络。

4. 鼓励子女学习交流技能，使子女成为听障人士与社会之间沟通的纽带。

五、服务计划

1. 儿童预备班(初期社会化阶段 5—10 岁)

此阶段，服务对象缺乏正常的语言交流环境，提升沟通的能力非常重要。因此项目组针对 5—10 岁的子女们开展才艺培训活动，使子女们在轻松快乐的环境中更好地学习手语知识、才艺技能，提升自信心，打破因家庭因素带来的自我否定；生日会让子女体会不一样的生日活动，感受不同的爱；

与父母近距离开展各类特色的亲子互动沙龙活动，更好地感受彼此的内心，真正了解父母与子女的真实感受。

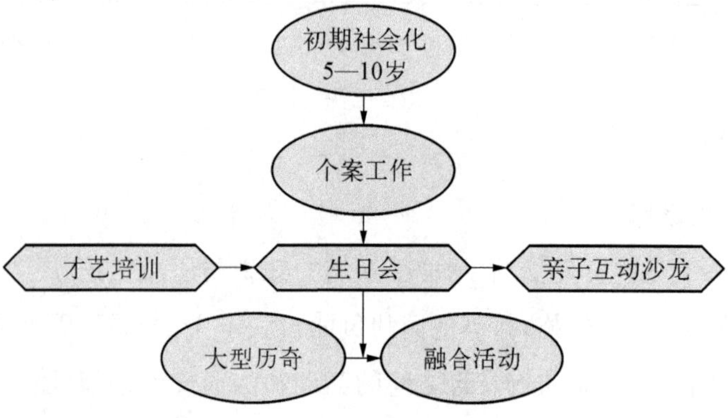

图 15－1 “最美丽少年”聋人子女支持服务项目方案(1)

2. 青春成长班(预期社会化阶段 11—15 岁)

此阶段，服务对象需要逐渐认识他们的社会角色，参与社会公益活动。这对他们树立正确的人生观与价值观非常有效。项目组针对 11—15 岁的子女们开展“青春课堂”小组活动，而亲子平行小组的开展可以更好地帮助服务对象了解、发现家庭中存在的问题；同时让子女们更正确地认识自身的社

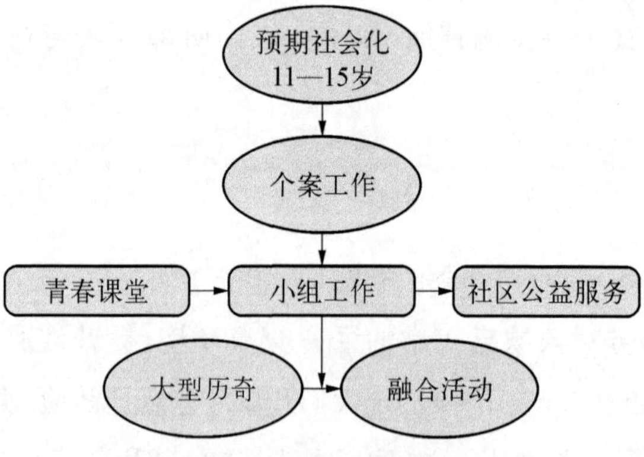

图 15－2 “最美丽少年”聋人子女支持服务项目方案(2)

会角色，学习如何与他人沟通。社区公益活动的开展让子女们在成长的过程中发现不同的美好，携手父母走进社区，参加公益服务，尝试为父母搭建与外界沟通的桥梁。

3. 小手拉大手

为5—15岁子女开展大型历奇活动、融合活动，更好地扩大子女的社交面，使他们学习彼此间的优点，促进彼此交流、沟通，提升对外交流等能力，改善子女的负面情绪，提升他们的自信心和自我认可度。

六、服务内容

1. 通过个案服务及小组活动，建立专业关系，运用语言和非语言等方式了解子女们最深层的需求和问题，更好地表达对子女的尊重、信任和接纳，对子女的每一点进步都给予肯定与鼓励。

2. 通过才艺培训、亲子互动沙龙活动、社区公益服务，让子女发挥自身优势，展现自身特长，为父母搭建与社会沟通的纽带，更好地展现听障家庭的闪光点。

3. 通过大型历奇活动、融合联欢会，结合5—10岁、11—15岁的子女共同参与活动，开阔社交面。

七、执行过程

从2014年开始，嘉定区关爱残疾人康复培训中心发起了“最美丽少年”聋人子女支持服务项目，通过走访摸底，锁定了嘉定区21户“聋二代”家庭，开展深度干预服务。

起初的走访，社工遭到6岁小涵的“冷漠与不理睬”。社工只能无功而返。但是，在社工细心的走访过程中发现了小涵的优势及特长。从小涵的兴趣入手，建立专业关系：社工与小涵共同画画。凭借这个契机，社工拉近与小涵之间的距离，小涵主动和社工交流了！

随后，社工推荐小涵参加聋人子女亲子沙龙活动，但却遭到其母亲的极力反对，理由是担心小涵受到伤害。社工对小涵母亲的担忧表示充分的理解，但是希望能为小涵提供一次尝试改变的机会，所以邀请小涵一家“试看”活动，展现社工如何开展活动、其他服务对象在活动中的改变等。这些尝试消除了小涵母亲的担忧，便同意让小涵加入沙龙。虽然在参加活动初期，小涵个人对环境、人员的陌生导致她经常在活动中产生情绪爆发（大哭、大闹）的状况，但是在社工的积极安抚、长期的干预下，小涵开始渐渐地尝试接受并且和外界沟通。在这个过程中，小涵逐渐扩大了交际范围。迄今为止，小涵参加子女沙龙活动、才艺培训活动、社区公益活动等已有两年，从起初羞答答的小姑娘变为了如今能够落落大方地与社工打招呼的一年级小女生了。

“小涵从小生长在没有语言的环境中，不听话也不说话，倔头倔脑，但是自从参加了这些活动，孩子明显有了笑容，性格也变好了。还可以在舞台上自己画画，现在回家还愿意和我们多沟通，很了不起！我为孩子的进步而骄傲，也由衷感谢社工们的辛苦付出。”小涵妈妈用手语表示。

在初期社会化阶段（5—10 岁），服务对象缺乏正常的语言交流环境，因此提升沟通能力显得非常重要。而到了预期社会化阶段（11—15 岁），服务对象需要逐渐认识他们的社会角色，而参与社会公益活动对树立正确的人生观与价值观也非常有效。

社工鼓励进入青春期的“叛逆”飞飞（化名）与爸爸参与社区公益活动：探望一位盲人阿姨。“平时基本都没有什么人来看望我，没想到素不相识的飞飞说以后会一直来看我，我真的很高兴，心里很温暖。”盲人阿姨的话给了飞飞很大的鼓励，飞飞开始积极地参与到社区公益服务中来，如拜访福利院，走访空巢老人等。通过参与一系列活动，飞飞不仅拉近了与爸爸之间的距离，而且“叛逆”的情绪也渐渐平复了下来，性格也越来越开朗。

“通过开展该项目，希望能够减少社会化困境对服务对象造成的负面影响，总结项目推广的方案与经验，为促进听力障碍人士身体健全子女的社会化发展提供借鉴，进而为搭建‘残健融合’桥梁、促进残健双方形成良好的互动模式奠定良好的基础。”项目负责人说道。

八、成效评估

通过开展“最美丽少年”聋人子女支持服务项目，社工摸索出一套“聋二代”社会化发展与“残健融合”的推广模式。

满足需求并在服务中提升服务对象适应社会发展的能力是本项目可持续发展的核心动力，而且为具体活动的开展提供了科学有效的依据。

社工相信服务对象有克服困难、适应社会发展的能力，并通过鼓励服务对象参与多元服务，激发并提升服务对象克服困难的信心与能力。根据不同年龄、不同阶段的社会化发展需求，建立不同的干预方案。有经验的社工参与并督导新项目的落地，确保服务质量。这是社会化健康发展、EPS干预路径与分年龄段干预落地的人力资源保证。

九、反思与建议

如今服务对象们均已踏入校园，从最初的懵懂少儿到如今落落大方的青少年。在大家忙碌奔波着业余补课的同时，项目组竭尽全力保持彼此间的联系，争取让聋人子女们在完成学业的同时，维持身边的每一个朋友，保留最初天真的心性，保留活动带给他们最美好的记忆。

“最美丽少年”聋人子女支持服务项目是“残健融合”的一小步，但是社工希望能够发挥整合资源、社会倡导的功能，为听力障碍人士及其家庭打造一片更美好的未来。

十、残疾人反馈

经项目的不断开展及推进与服务对象的口口相传，服务对象参与人数由10户家庭增加至21户。

(1)“在过去的一年里，我与广大聋人和聋人子女经历了意义非凡的种种瞬间：孤守空房的老人慈眉善目，课堂上我们认真学习手语，舞台上我女儿用二胡奏出一曲悠扬小调……在数次小组活动中，我们在被给予中感到温暖，同时也懂得了感恩他人。”

(2)“我家女儿很早以前就知道我听不见，我们之间交流很不方便，曾经我试图教她简单的手语，但是孩子很不愿意学。自从参加聋人子女小组之后，看到了很多小朋友和她一样，父母都是听障人士，发现其他孩子能用流利的手语和爸爸妈妈交流，女儿也主动学起了手语，时不时地和我聊天。我感到非常高兴！”

督导点评

这是一个非常好的项目，项目一出来就获得了非常好的社会反响。服务对象的精准定位是项目能够成功的关键因素。我们往往会去关注残障人士，也会进一步关注残障子女，但是，残障人士的正常子女却往往被忽略。

本案例最大的成功在于发现了一群同样值得被关注的“正常”子女，这也是社会工作服务精准化的生动体现。本项目结合残障家庭正常子女的特殊需求，针对性地设计了个案、小组、社区等服务，充分化解了困扰案主的自身问题以及社会性问题，从而帮助残障人士的“正常”子女真正回归正常的家庭生活、学校生活和社会生活。

非常看好这个项目，希望这个项目进一步挖掘案主的深度需求。同时，进一步扩大项目的受众面，最终将本项目打造成更具影响力的“最美丽”项目。

项目名称：梦想工坊项目

承接机构：上海浦东新区我和你助残服务社

梦想的起航

——运用互联网开启残疾人就业创业大门

一、案例背景

嘉定区梦想工坊项目以促进嘉定区残疾人就业增收为目标，充分利用信息化手段，以政府扶持、社会帮扶与残疾人自强自立相结合的方式，帮助残疾人打造电子网络就业创业平台，促进残疾人增强自身发展能力，激励残疾人自强自立，有效缩小残疾人生活状况与社会平均水平的差距，使残疾人小康进程与嘉定区全面小康进程相协调、相适应。

嘉定区残疾人家庭增收情况一直不容乐观，存在以下问题：第一，就业率低；第二，就业稳定程度差；第三，就业层次低，收入水平低；第四，没有可利用资源，因与外界没有过多交流，导致嘉定区残疾人家庭有创业想法却得不到相关培训、指导，优势得不到充分的发挥。

故而社工以互联网为媒介，搭建企业与残疾学员之间的沟通桥梁，帮助残疾人提升自我价值，重新找回自我，为自己的梦想而扬帆起航。

二、需求分析

在嘉定区内，处于就业年龄段的残疾人需求情况分析如下。

1. 生活需求：由于自身残疾的原因，导致他们很少与外界交流，无法融入外界社会，所以多数残疾人都是无业状态，导致他们没有收入来源或收入低下。所以他们需要有一个就业、创业的平台，来支持他们提高自身就业、创业的发展能力，并增加家庭收入。

2. 心理需求：由于残疾原因使得他们内心闭塞，不敢与人交流，缺乏自信，失去对未来生活的希望，无法融入社会。因此他们需要提高自信心，重新燃起对生活的渴望。

3. 社会支持需求：和正常人一样，残疾人也同样想创业，想做自己喜欢或收入稳定的工作，但是由于与外界缺少沟通，缺少人脉的关系，他们得不到有力的资源和相关的指导培训，由此他们迫切需要一个资源平台。

三、政策和理论依据

1. 关于加快推进残疾人小康进程的实施意见

残疾人作为弱势群体，其就业问题一直是一个社会难题。随着我国市场经济体制的进一步完善和社会文明水平的进步，残疾人就业状况越来越受到政府和社会各界的重视。国务院在《关于加快推进残疾人小康进程的实施意见》中明确规定“要大力支持残疾人多种形式就业增收”。李克强总理在政府工作报告中提出了“大众创业，万众创新”的国家战略，而“互联网＋”则是创业创新的先锋主力。

嘉定区作为建设上海市科创中心的重要承载区，有丰富的科技创新资源，有齐全的互联网产业链，这一切都为推进“大众创业，万众创新”奠定了扎实的基础。互联网的快速发展也为残疾人创业、就业提供了有利契机和广阔平台，为残疾人创建了良好的网络创业环境，可以让越来越多的残疾人通过网络创业实现就业增收。

2. 社会支持网络

社会支持网络指一组个人之间的接触，通过这些接触，个人得以维持社会身份并获得情绪支持、物质援助和服务、信息与新的社会接触。

依据社会支持理论的观点，一个人所拥有的社会支持网络越强大，就能越好地应对各种来自环境的挑战。在项目执行过程中，整合家属、社区资源，帮助服务对象获得家属的情绪支持，给予其更多鼓励和心理支持。整合社区资源，提供给服务对象更宽广的社交平台。

四、服务目标

(一) 总目标

以促进残疾人就业增收为目标，充分利用信息化手段，以政府扶持、社会帮扶与残疾人自强自立相结合方式，帮助残疾人打造电子网络就业创业平台，促进残疾人增强自身发展能力，激励残疾人自强自立，有效缩小残疾人生活状况与社会平均水平的差距，使残疾人小康进程与嘉定区全面小康进程相协调、相适应。

(二) 具体目标

1. 负责“梦想工坊”日常管理(如水、电、绿化、人员管理等日常运作，与入驻机构沟通合作顺畅)。

2. 年内为全区150名残障人士提供相关电商业务，使其在机构、家庭实现就业增收。

3. 开展一年两次“阳光屋”产品推广会，提高“阳光屋”销售额。

4. 为入驻机构的残疾人开展个性化职业指导。

5. 开拓网络就业市场，收集电商企业资源，每季召开一次电商企业业务洽谈会。

6. 做好整个“梦想工坊”的宣传工作，每季度至少开展一次宣传活动。

五、服务计划

项目阶段	项目开展	目的	参与对象
第一阶段 1—2月	项目招标工作完成； 梦想工坊的日常管理； 电商第一轮培训的前期准备	解读招标文件并了解其需求； 负责“梦想工坊”日常管理，与入驻机构沟通合作顺畅； 进行人员排摸，现确定有11名残疾人愿意参与	11名就业年龄段残疾学员
第二阶段 3—4月	梦想工坊1期培训； 梦想工坊2期推广活动	梦想工坊1期培训给予9名残疾学员就业增收； 针对1期培训，希望吸纳更多有意向的残疾人参与推广活动	就业年龄段残疾学员
第三阶段 5—6月	易租站集体培训； 易租站上门培训； 企业洽谈； 日常维护工作	梦想工坊1期培训给予11名残疾学员就业增收	残疾学员
		针对重残人员，“梦想工坊”提供上门培训服务，并服务6名重残人员	企业领导、项目社工
		企业洽谈，找寻适合残疾学员就业创业的机会； 日常维护沟通，保持与入驻企业合作顺畅	入驻企业领导与项目社工
第四阶段 7—8月	易租站集体培训； 易租站上门培训； 企业洽谈； “梦想工坊”阳光屋推广活动	梦想工坊3、4期培训	残疾学员
		针对重残人员，“梦想工坊”提供上门培训服务	天涛智能有限公司领导以及项目社工
		企业洽谈，找寻适合残疾学员就业创业的机会	入驻企业领导与项目社工
		阳光屋进行社区推广活动	社区居民、项目社工
第五阶段 9—11月	易租站集体培训； 易租站上门培训； “梦想工坊”阳光屋推广活动； 微商培训	梦想工坊5期培训； 针对重残人员，“梦想工坊”提供上门培训服务	残疾学员
		阳光屋进行校园推广活动	校园学生、项目社工
		微商培训项目	就业年龄段有意向创业的学员、项目社工

续 表

项目阶段	项目开展	目的	参与对象
第六阶段 项目终期 评估	项目终期评估	完成项目终期报告； 根据项目终期报告总结经验，提出建议与反思	项目社工

六、服务内容

1. 准备工作

“梦想工坊”主要针对就业年龄段残疾人进行服务，针对其进行初步调研，了解服务对象有哪方面的互联网就业需求。

针对企业初步调研，找寻残疾人适合就业的企业，愿意做公益活动的企业。

2. 中期开展过程

“梦想工坊”项目主要采用三方协议的模式：机构与残疾服务对象建立关系，机构与企业建立关系，再由机构通过引导让残疾服务对象与企业建立关系，进行培训、测试、上岗等一系列工作。后期对残疾学员多方面问题进行跟进，在企业和学员之间搭起一座桥梁。

项目开展阶段的主要任务是找寻企业，并针对有就业意向的残疾学员进行培训、测试、上岗。维护与企业的联系。

(1)“梦想工坊”培训主要针对就业年龄段的残疾人进行培训，培训结束后进行统一测试，测试通过的学员可以按照企业的安排进行上岗工作。从而帮助残疾学员实现家庭增收，以促进残疾人增强自身发展能力，激励残疾人自强自立。

(2)“梦想工坊”阳光屋推广活动：针对入驻的阳光屋超市进行社区与校园推广，针对不同社区和校园采取不同的推广方式，积累经验，增加阳光屋的销售额。

3. 项目终期评估阶段

这个阶段的主要工作有项目总结报告的撰写和项目终期评估会。

在对项目的成效总结等基础上撰写项目终期报告,终期报告一定要突出本次项目的成效、经验与不足,也为项目的进一步开展提出建议与反思。

七、项目成效

项目目标达成情况如下。

1. 增加残疾学员就业的发展性:在增加其家庭收入的同时,促进残疾人增强自身发展能力。项目现主要与北京易租站网络业务公司合作,已培训了150名学员,评估后有21名学员进入"易租站"工作,每人每月基本收入为2 000—3 000元,每人每日工作3—4小时,与其他员工相比,残疾学员的工作时间较短,收入稳定。

2. 针对企业公益项目进行了企业推广,从而让更多有能力的残疾学员进入企业进行发展。

八、社工感悟

"梦想工坊"项目是和"易租站"网络业务公司合作的。因是首次开展此类项目,前期准备还不充分,针对上岗的学员,没有进行规范化的管理。残疾学员与普通学员相比,存在流动性大等问题,残疾学员可能因为企业给予的工作压力选择放弃,或与企业的培训管理老师在沟通上存在问题,这对于后期工作的开展产生了很大影响。

由于经验的缺乏,社工没有及时进行疏导。后期,我们针对培训学员的现实状况修改了"易租站"培训人员协议。在学员与企业沟通、达成协议的过程中,社工从中起到调和剂的作用,成为双方的"和谐"桥梁。

九、附件

附件 16－1 “易租站”网络业务上门培训

附件 16－2 “易租站”网络业务集体培训

附件 16－3 “阳光屋”推广活动

附件 16－4 “易租站”王老师上门培训

督导点评

本项目是社工入职后主要负责的工作之一，该项目的立足点很好，在社会整体就业形势不太乐观的大环境下，为残疾人特别是肢体残疾等原本就业范围较窄的残疾人提供了新型居家就业平台，结合新兴的网络环境，以完成的任务量而非工作时间衡量工作，给残疾人更多的自由空间去工作。

项目推进过程中出现了很多问题，包括老师和学员的矛盾、三方沟通不畅、服务对象自我效能感低、培训的效度低等，社工面临很多挑战；但这同时也是社工成长的机会。本案例能够体现出社工在项目推进过程中的总结和反思。社工从社会工作专业的角度去思考、总结项目的框架，能看到受益对象不断涌现的需求，并结合理论和政策进行分析，提炼项目情况，这也能对今后的服务提供更清晰的项目思路。

项目名称：情牵四叶草项目

承接机构：上海浦东新区我和你助残服务社

走进希望的田野

——失独家庭融入社会服务项目

一、案例背景

自2013年承接项目以来，通过项目实施与调研分析，笔者发现嘉定区失独残疾人家庭主要有以下特征。

1. 失独残疾人父母年事已高，无法再次生育。

2. 长时间的心理忧伤困扰其难以走出内心阴影，无法面对现实与未来的人生。

3. 性格内向，胆小且不自信。

4. 家庭成员彼此关系不和谐，亲情缺失。

5. 多为镇保、农保，家庭经济情况普遍较差。

6. 自我边缘化严重，不爱与人接触。

可以说，该群体在情感支持、身心健康、生活现状、社会支持网络等方面都存在明显的问题与困难，需要专业社会组织、社会资源的介入与协助。

二、需求分析

通过对全区25个失独家庭的调查，笔者发现该群体存在以下需求。

1. 生活需求：由于自身是失独残疾人，再加上年事已高，生活上有很多不方便之处；常年感情闭塞不与外界交流，对以后生活失去希望。需要为他们配置居家照料服务，来对他们进行日常照料。

2. 心理需求：失独家庭成员大多年事已高，无法再生育。长时间的心理优伤困扰使其难以走出内心阴影，无法面对现实与未来的人生，自我边缘化严重，不爱与人接触。

三、项目定位

1. 公益性。体现"以残为本、为残服务、助残解因"的思想；围绕广大残疾人的利益，直接或间接惠及更多残疾人；不以营利为目的，低偿或无偿地为残疾人提供服务。

2. 社区性。增进残障人士与社区群众的交流和互动、提高认同感和知晓度；丰富社区生活、改善社区人文环境，有利于塑造社区人文精神，稳固社区生活共同体。

3. 专业性。通过专业化的知识方法、组织架构、人员素质、服务理念、管理模式和质量控制，有力促进社会工作者的职业化发展，促进社会组织自身的成长壮大和可持续发展。

四、服务目标

(一) 总目标

以实际需求为导向，运用专业社会工作方式开展个性与共性服务，使他们的晚年生活更精彩、更丰富，感受社会的温暖与关爱。

(二) 具体目标

1. 为有需求的服务对象配置居家照料服务，每人每年接受服务的时间不少于 96 小时。

2. 针对 25 名服务对象开展上门走访工作，并做好走访记录。

3. 开展 8 次团队沙龙活动，并做好活动记录与小结。

4. 全年开展 1 次外展活动、2 次主题活动，并做好活动记录与小结。

5. 每季度制作 1 次项目宣传册，向服务对象及出资方进行项目宣传与汇报。

五、服务计划

项目阶段	内　容	目　　的	参与对象
第一阶段 1—5 月	完成项目招标工作； 举办项目小组沙龙活动； 日常探访	解读招标文件并了解其需求； 开展小组沙龙活动，增进小组间感情； 开展日常走访与探望，拉近与服务对象的距离	组员、项目社工
第二阶段 6—8 月	主题活动	开展端午、中秋主题活动，感受大家庭氛围，拉近彼此距离	组员、项目社工
第三阶段 7—12 月	举办项目小组沙龙活动； 日常探访	开展小组沙龙活动，增进小组间感情； 开展日常走访与探望，拉近与服务对象的距离	组员、项目社工
第四阶段 项目终期评估	项目终期评估	完成项目终期报告； 根据项目终期报告总结经验，提出建议与反思	组员、项目社工

六、执行过程

1. 活动转变模式

情牵四叶草项目开展服务已有多年，在组员中已起到了很深的影响。在活动中，项目组尝试用一种新的活动方式。以往项目组的活动安排以社工安排为主导，这样容易导致组员们在每次活动中缺乏互相的交流，不能充分了解“大家庭”中成员，以至于减少了线下交流的可能性和机会。

此次，项目本着以学员为主导的思想理念开展活动，这样有助于组员们加深线下交流，增进彼此间的感情，区别于以往“死板”的“上课模式”。

2. 中期开展过程

(1) 沙龙小组活动：以全新的模式开展活动，将一些新鲜的事物或发散性思维带给组员，让组员有线下交流，在体验新事物的同时互相帮助、互相交流，让组员深切体会到“情牵四叶草”是一个完整的大家庭，让大家对生活重新燃起希望。

(2) 主题活动：端午、中秋主题活动从中国传统节日出发，结合包粽子等传统活动，让组员们体会到大家庭的温暖并收获快乐。让组员们彼此之间更加亲近，踏上充满希望的回归路。

3. 项目终期评估阶段

这个阶段的主要内容是撰写项目总结报告和举办项目终期评估会。

项目总结报告：在对项目的成效总结等基础上撰写项目终期报告，终期报告主要突出本次项目的成效、经验与不足，也为进一步的项目开展提出建议与反思。

七、项目成效

1. 为有需求的服务对象配置居家照料服务，每人每年接受服务的时间不少于96小时。帮助家庭减少生活压力。

2. 开展小组和主题活动，让组员体验不同的新鲜事物，使组员们可以在线下进行沟通和交流，真正迈出在项目中让失独家庭成员重新步入社会正轨的第一步。在收获快乐的同时，重新燃起快乐生活的希望。真正意识到“情牵四叶草”意义。

3. 定期走访失独家庭，关怀失独家庭成员，了解他们近期的生活需求和心理需求；真正让政府的关心和关怀照到失独家庭的成员的身上。

八、社工感悟

刚开始开展项目时，笔者是从项目书和材料当中了解到失独家庭成员们的情况的，因此不知从何入手。第一次上门走访，笔者带着满满的担心，生怕说错什么话，又担心不知如何与他们交流。但是当笔者踏进组员家门的时候，组员们给了笔者迫切想见到我们这些“家人们”的感觉——有很多话想和我们说，有很多的事情想向我们倾诉……这些成功也得益于项目前辈们的帮助。所以每次的小组活动、主题活动，项目组都希望把身边的事物、身边的感动、身边的温暖带给这些可爱的“家人”。

“虽然我是一个新进的社工，每次小组活动、主题活动策划得很稚嫩，但我会坚持将我的热情和真心带给我的‘亲人’。让他们感受到‘情牵四叶草’大家庭的温暖，引导失独家庭走出‘失独的阴霾’！”一位项目社工说道。

九、附件

附件 17－1 “情牵四叶草”中秋主题活动

附件 17－2 “情牵四叶草”户外拓展活动

附件 17－3 “情牵四叶草”端午主题活动

督导点评

项目服务的群体很特殊，既是失独家庭，又是残疾人群体；而将服务对象的范围缩小再缩小，便能够为他们提供更符合他们需求的服务。但这同时也是个难点。“我和你助残服务社”承接这个项目已有数年，此项目更注重让服务对象走到前面，让服务对象自己成为活动的主人，让他们看到自己的优势。社工把在参加春晖督导中所学习到的各种服务经验带到服务中去，让不善于表达的服务对象有机会能够分享彼此；同时社工还和“阳光工坊”合作，举办参观活动，有效促进了服务对象的社区融合。

本案例虽然较为简单，但从案例的字里行间能够看出项目组的社工将前几年的服务作为铺垫，在今年进行了一些新的尝试，并产生了很多项目初期意想不到的成果，也在案例中看到社工对项目、对自己的反思。

项目名称：寻缘识梦未婚残疾青年俱乐部

承接机构：嘉定区启航社工师事务所

寻缘·识梦

——未婚残疾青年交流平台的搭建

2014 年 12 月，上海嘉定区启航社工师事务所成功申请到嘉定区残联“寻缘识梦”未婚残疾青年俱乐部微公益项目，并在 2015 年从原来的一个街镇试点服务拓展至整个嘉定区 12 个街镇，且荣获嘉定区 2016 年度“十佳助残公益项目”“嘉定十大青年公益项目”荣誉。

一、项目背景

残疾人同所有的健全人一样，都希望在情感方面有个归宿。但由于身体及心理上的缺陷以及社会上的歧视现象，使得残疾人在不同程度上存在一定的心理障碍。

据调研资料显示，由于残疾青年普遍的心理自卑及交友过程中受到的不同程度的打击，使得广大残疾青年原本狭隘的交友圈不断萎缩，久而久之，不少残疾青年放弃了自己对婚姻的追求，从而影响到整个家庭的健康生活。对婚姻的憧憬与现实的结婚难状况使残疾青年在心理上产生了巨大落差，成为妨碍残疾青年群体实现社会康复的重要障碍。

上海嘉定区启航社工师事务所(以下简称“启航”)是一家从事助残、助老等社会工作的非营利机构。机构秉承“为政府分忧、为行业服务，为民众服务”的宗旨，倡导和弘扬“诚信、专业、创新、和谐”的社会工作精神，传播、普及和践行“助人自助”理念，积极开展各类社会服务项目，让关爱的阳光照射到每一位有需要的人士及家庭。

“启航”通过对嘉定区未婚残疾青年的调研与分析，设计了一系列个性化的服务方案，链接各类社会资源，为青年们搭建交流平台，构建一个广阔的社会支持网络。

二、项目目标

(一) 总体目标

为广大未婚残疾青年搭建一个交流平台，通过各类丰富多彩的联谊活动，扩大未婚残疾青年的交友圈，丰富未婚残疾青年的业余生活，使关爱的阳光照亮每一位残疾青年的心灵，把温暖送进每一位残疾青年的家庭，以促进和谐社会新风尚的发展。

(二) 具体目标

1. 通过摸排等形式建立嘉定区未婚残疾青年基础信息资料库，了解并掌握上述成员及其家庭的实际情况，建立联系网络；并调研与分析成员生理、心理等各方面存在的问题与需求。

2. 推广社会工作专业服务理念，把社会工作价值观、专业知识和理论广泛应用于服务中，为更多的未婚残疾青年提供尊重个性和个人选择的“以人为本”的个性化服务，为他们构建积极、健康的心理与生活环境，促进社会和谐建设。

3. 链接社会资源，链接专业婚姻介绍机构及爱心企业家资源，增强后盾力量；建立“红娘”志愿者团队和“专家”志愿者团队，为俱乐部成员获得更多的机缘。

4. 对项目的实施进行中期及终期自我评估，反思和总结项目的成效及有待改善提高的干预方法和措施，为推广项目成果打下基础。

5. 对于目标成员中存在的个性问题和困惑进行研究分析，进行适当期限的跟踪服务，引导目标成员正视自我情感认知，正确进行情感管理。

6. 通过分析成功牵手的新人案例，不断鼓励其他成员增强自信心，坚定追求幸福的信念。

三、项目理论

优势视角理论可以被视为从人类生存问题出发的包含一系列关于健康和潜力的假设和归因的组织化建构。它批评现存的主流病态或缺陷模式，并立足于积极心理学、抗逆力研究、社会构建、叙事治疗和寻解治疗。优势视角理论立足于对病态模式的反思和批评。它认为，“病态学词汇背后是一系列的假设，这些假设反过来为案主刻画出了一幅并不可爱的图画”。这样的结果和假设包括：这个人有业已命名的问题或病态；悲观主义和怀疑主义的语言；距离、权力不平等、控制和掌握标志着助人者和受助人之间的关系；环境的抽离，以问题为本的评估鼓励对案主进行个人式的而非生态式的述说；假设所有的障碍都是由疾病导致的，于是就假定问题的解决之道必在于此。

优势视角的概念框架是基于对缺陷模式的挑战而建构起来的，它的核心概念是围绕洞见至案主的优势和资源而形成的。

Saleebey 认为几乎所有的事情在某种特定条件下都可以视为一种优势，包括体验、个人品德、天赋、感悟、故事、灵性、意义和社会资源。首先，当人们在虐待、创伤、疾病、困惑、压迫之中挣扎和抗争时，人们能够从自己、他人和周围的世界获得东西；人们可以获益于困难和失望经验；人们从他们生活的周围世界中了解到很多东西，从经由教育和知识而获得，到通过自己的亲身生活经历去分辨和感悟。其次，人们拥有的个人品质、特征和美德也是优势，它们可以在损伤、灾难和不幸的抗争中铸就而成，包括幽默感、关怀心、创造力、忠诚、洞察力、独立、灵性和耐心。最后，人们的天赋让我们惊讶，即便是那些表面看起来没有任何能量的人都有可能隐藏着天赋，只不过需要我们去发现或者需要展示的平台。

优势视角理论下的助人关系是合作的、相互的和伙伴性的关系——一种与他人一起共事的权力，而非其中一个人凌驾于另外一个人之上的权力。要达成伙伴关系这一目标，要求社工不仅要为案主制订助人计划，而且要在助人的过程中分享权力和决策，让案主为其自我恢复负责。这样，案主是助人工作的指引者，是自己资源的动员者，而社工是他们的生活顾问。助人过程聚焦的是每个人所具有的优势、兴趣、能力、知识和才华，而非其诊断、缺陷和缺点。前来求助的案主并非一个有着各种病态症状的集合体，也不是综合了各类问题的混合物，而是一个经历了各种苦难的幸存者。所有的幸存者毫无例外地具有适应能力，能够表达出自己的志向和欲望是案主内在的一种重要优势。社工只有听到并尊重这样的表达，才能做出有意义的干预计划。因此，关注案主的优势这一要求促使社工持有尊敬和赞赏他人的姿态，要求社工聆听他们的故事和表述，了解他们的痛苦和不幸，探索他们的优势和梦想……这样案主就会成为老师，或超越专业人员成为自己问题的专家。[①]

四、项目组织

本项目由上海春晖社工师事务所资深专家担任项目督导，定期指导并研讨工作的重点、难点；设立项目主管 1 名，统筹、策划、安排项目的日常运作；需要专业社工 2 名，具体负责项目工作的开展。同时，项目将努力开拓各种资源，寻求各政府部门、社会组织的支持与合作，运用社会工作专业方法，为服务对象提供全方位、个性化的专业服务。

五、项目资源

在项目实施过程中，“启航”充分挖掘了社会资源与志愿者力量。

---

① 何雪松：《社会工作理论》，上海人民出版社 2007 年版。

1. 爱心企业：为项目的资金、活动物资、活动场地提供坚实的支持，在项目运作缺少资源的情况下获取后盾力量。

2. 婚介组织：为未婚残疾青年寻找更多婚姻机缘，搭建更广阔的交友平台。

3. “红娘”志愿者：在对机构及项目有一定了解与认同的基础上自愿加入志愿者队伍，协助社工开展服务。

4. 服务对象：将获得幸福的服务对象纳入志愿者队伍，为其他成员树立典型，并与社工共同在服务的过程中建立良好关系，增加不同的人生体验，以进一步成长。

六、项目实施

（一）基础信息资料库的建设

以问卷调查、访谈的方式对未婚残疾青年进行生理、心理等各方面的需求调研，了解个人及家庭基本情况，并在项目活动中逐步细化与完善成员信息，不断掌握与了解成员真实的内心世界及信息资料。

（二）子项目实施

1. 子项目一：个别的心理辅导

未婚残疾青年由于个人生理状况存在出门困难的问题，使他们有自卑、封闭的心理，长期“宅”居在家，导致社交圈较为狭隘，缺乏交友的意识和动力；而部分父母积极为孩子寻找资源，且热情过度，导致残疾青年对交友有排斥感，发展至一直处于单身状态或对婚姻产生一定焦虑。项目组邀请有经验或专业的婚恋专家和心理咨询师，针对他们出现的一系列的状况进行辅导。项目组在2016年5月邀请了上海著名调解员柏万青阿姨，积极动员、号召未婚残疾青年相信自我、找准方向定位、不放弃任何机会，用名人效应积极带动他们改变固有的思维，寻求幸福。

2. 子项目二：定期沙龙活动

除了未婚残疾青年自身的原因，他们还缺乏各类交友平台，自身的不自信导致他们不会主动结交朋友和外出聚会。项目组考虑到这一方面，定期安排俱乐部成员开展动手能力、自我健康管理、才艺展示、社交礼仪等内容丰富、形式多样的沙龙活动，让他们在沙龙活动中增进友谊，学习各类知识，提升自我。

3. 子项目三：大型交友联谊会

自俱乐部成立以来，共开展2次大型交友联谊会，除了嘉定区的未婚残疾青年参与进来，还积极链接各类资源，号召其他区县的未婚残疾青年共同参与，相互认识，寻找缘分。

4. 子项目四：外展活动

带领俱乐部成员开展游戏式互动拓展活动，让他们体验别样的活动氛围，促进友谊，深化友谊。

5. 子项目五："感恩大联盟"年会活动

项目组与俱乐部成员共同对项目运作以来遇到的各种情况进行总结，回顾项目运作历程，积极听取俱乐部成员及项目相关方的意见，并互说祝福语，感恩自己加入俱乐部之后所做的努力和改变，争取在之后能够寻找到属于自己的幸福。

七、项目评估

评估是社会工作实践的重要组成部分，项目将通过以下两种方式对服务情况进行自我评估和总结，以及时跟进和提高服务质量。

过程评估。项目组将在项目实施过程中，定期或不定期地对服务开展情况以及所遇到的困难和问题进行评估与总结，增进服务的操作性和可行性，提高项目的实效性。

效果评估。项目组将对服务情况进行记录，包括每次活动的人数、活动的目标、活动的内容以及活动的效果进行评估，并对以后活动的情况提出建议和意见。

(一) 项目服务的成效

项目开展至今近2年，在各方面也取得了一定的成效，以下从服务对象、机构和社会层面进行分析。

1. 服务对象层面。残疾青年本身由于生理情况,加之自卑等原因,缺少交友的平台,项目组针对这一情况,鼓励他们走出家门,结交更多的朋友。在心理层面,开展心理讲座,如针对如何认识更多的人和异性双方如何相处等内容开展讲座。在提供交友平台外,更能教授他们相处之道,让他们学习各类提升自我能力的知识,鼓励他们将这些知识运用到实际生活中。值得一提的是,在项目组的努力下,截至 2016 年,已经有四对新人喜结连理。除此之外,据项目组所知,还有几对已经在深入了解中,项目组也将根据俱乐部成员的需求进行后续跟踪。

2. 机构和社会层面。第一,本项目各活动的开展情况多次被上海组织网、中国上海等媒体平台录用和报道,在项目宣传上起到了很大的作用,让社会各界了解到了“寻缘识梦”未婚残疾青年项目以及嘉定区启航社工师事务所的基本情况。第二,工作人员跟踪有需求的服务对象,已经将项目俱乐部成员从马陆镇拓展至整个嘉定区,甚至与松江、长宁、普陀等外区取得对接,在外缘活动中,也积极号召其他区县的未婚残疾青年参与,扩大他们的交友圈,结交更多的朋友。第三,通过项目组人员的宣传与努力,得到了来自社会各界爱心人士的支持与赞助,除爱心企业免费提供活动场地外,还获得了价值八千多元的爱心捐赠物品,对项目活动的开展起到了一定程度的帮助作用,同时也得到了未婚青年及其家长的配合。第四,该项目得到了《中残联杂志》、《嘉定报》、《新闻晨报》、《解放日报》、《灵芝草》、嘉定电视台、上海第一财经频道《为您服务》“同一片蓝天”残疾人专题节目的多次采访与报道,使得项目宣传拓展到整个社会层面。

(二) 项目实施的不足

1. 服务对象的招募存在困难。交友是每个人必须经历且必不可少的社会交往方式,但由于涉及太多不可控因素,绝大多数人自我保护意识较为强烈,不愿意通过第三方参与的方式交友,因此对整个嘉定区未婚残疾青年的调研难度较大。

2. 部分服务对象参与度热情不高。该项目主题和内容涉及服务对象感情隐私,很多人由于不自信、缺乏与人沟通交流的平台等原因,并不愿意参加此类活动。为此,项目组积极寻求解决办法:如创新活动形式,不拘泥于平常的活动方式;在活动内容方面,跟进当下年轻人群体的步伐;并从各方面提升他们的自信心。

3. 项目资金有限。该项目的服务对象为未婚残疾青年,介于项目活动内容,一般花费较大。而项目组的物资及资金有限,这给活动开展带来了一定的困难。但是项目组也积极寻求资源,与社会爱心人士洽谈,得到了物资等赞助,但是也只能解决部分问题,且赞助的次数和金额较为有限。

八、专业反思

1. 项目内容层面:针对 2016 年度项目实施问题,积极思考,进一步做好前期需求调研,做好项目后续活动内容设计,积极号召更多的未婚残疾青年加入俱乐部。

2. 项目运作及机构层面:项目组将加大项目的宣传力度,制作宣传册,在各类活动中进行纸质宣传;积极借助媒体平台,开展媒体宣传,号召更多的人关注该项目及机构,号召有意向的人加入俱乐部;继续努力以期得到来自社会、政府等各方面的肯定与关注,拓宽和链接各类资源,达成各项共建协议,进一步促进机构多元化发展。

3. 项目工作人员专业能力建设层面:组织项目工作人员积极参加各部门的社工能力提升活动,并对接其他社会组织进行交流学习,不断提升社工专业能力,为服务对象提供更为实际和个性化的服务。

督导点评

“寻缘识梦”未婚残疾青年俱乐部微公益项目实施短短两年时间,就从原来的一个街镇试点服务拓展至整个嘉定区 12 个街镇,甚至与松江、长宁、普陀等外区取得对接，且获得嘉定区 2016 年度“十佳助残公益项目”“嘉定十大青年公益项目”的荣誉……这些成果着实不易。不仅如此，项目还被《中残联杂志》、《新闻晨报》、《解放日报》、上海第一财经频道《为您服务》“同一片蓝天”残疾人专题节目多次采访与报道，收到了很好的社会效益。

项目本身切中了残障人士的需求，他们不仅仅有基本的物质生活需求，也有婚恋等得美好生活的发展性需求。未来，如果项目的实施过程及内容再具体化、细致化一些，做到“点”（个案）“面”（小组、社区）相结合，效果会更好一些。

项目名称：助残孵化园建设项目

承接机构：上海静安区春晖社工师事务所

“携手共成长”

——督导为本的助残社会工作专业支持计划

作为助人的专业，社会工作在当今中国的社会转型中发挥着日益重要的作用，相应地，项目管理逐渐成为社会服务与社会管理的重要抓手。比较而言，前期的项目招投标以及后期的项目评估备受重视，但中期也就是过程中的项目督导则相对关注不足。道森(Dawson)指出督导有三种功能：行政功能(行政政策与实务有效结合，创造适宜的工作环境)、教育功能(通过对每一名工作者进行教育，务使人尽其才)以及支持功能(协调工作关系，培养团队精神)，每一项督导功能都有一系列需要解决的问题和需要实现的目标。

项目督导的实施不仅可以连同前期的项目招投标和后期的项目评估共同构成完整的项目管理链环，而且，可以提升社工能力，优化项目实施，满足案主需求，实现项目购买方的战略意图。

“‘携手共成长’——督导为本的助残社会工作专业支持计划”是专门针对嘉定区22个助残服务项目提供社会工作专业督导的一个公益项目。

2015年1月，嘉定区助残孵化园建设项目成为2015年度上海市嘉定区残联公益创投获选项目，上海静安区春晖社工师事务所与上海市嘉定区残联正式签约。该项目为期一年，旨在探索社会工作专业督导介入助残服务模式。

本项目由春晖社工师事务所负责实施。春晖社工师事务所成立于2009年，由华东理工大学社会工作系老师创办，聘用华东理工大学社会工作系资深教师出任专业督导，招录该系优秀本科毕业生和研究生作为固定员工和志愿者。此外，机构与上海市多家高校社会工作系及社会服务机构建立了密切的合作关系，拥有丰富的专业资源。机构主要使命在于倡导生命关爱，强化生命意义。业务范围包括残障人士服务、社区老人服务以及家庭服务等直接服务；同时包括社会工作督导、社会服务项目评估等间接服务。本机构的资金来源主要包括个人自筹、政府购买以及第三方合作。目前春晖主要致力于通过社会工作专业方法，借助艺术治疗专业技巧，运用生命关怀理念开发社会工作督导项目。

嘉定区助残孵化园建设项目以赋权理论为指导，整合社会资源，促进残联、高校、社会组织、企业等多方合作；同时，邀请高校资深教师、实务经验丰富的研究生组成督导团队，以为本项目提供人力支持。

在具体操作上，本项目采用"全面、全员、全程、全新"的四全创新督导模式，开发了"教工、社工、义工"相结合的三工联动特色，注重过程督导、理论培训、技能实训的结合，采取一对一的个别化督导和群体化的焦点小组督导多种方法，灵活运用实地督导和间接督导，并在此基础上进一步研发了专题工作坊、公益微视频、项目产品竞演、大众评审会、公益嘉年华等多种特色活动，项目旨在通过多样化的督导方式和针对性的督导内容来实现助残社工能力强化、助残项目服务水平提升、助残服务品牌化以及助残机构创新化。

一、项目背景

1. 我国助残社会工作发展状况

根据 2011 年 6 月 9 日世界卫生组织与世界银行发布的最新报告，世界上大约有 15%的人口身负残疾，也就是说，每 10 个人中至少有 1 个为残疾人。我国于 2006 年 4 月进行的全国第二次残疾人抽样调查的结果表明，内地 32 个省、直辖市、自治区的五类（视力、听力语言、智力、肢体、精神病）残疾人总数达 8 296 万，占全国总人口比例的 6. 34%，即我们身边每 20 个人中至少有 1 个人身负残疾。

助残社会工作是针对残疾人所做的社会工作，是指主要运用社会工作专业方法帮助社会上需要帮助的残疾人解决困难、预防问题发生，恢复、改善和发展其功能，以适应正常的社会生活的服务活动。我国助残社会工作的发展目前也取得了较大的成效，受到了党和政府的大力支持，政府购买服务在北京、上海、广州、深圳等多地展开，各社会组织的助残服务开展得有声有色。但是不管是政府体制下的助残社会组织还是专业介入后的助残服务，都面临着诸如行政化色彩浓重、专业化水平不高等亟须解决的问题，而社会工作督导作为提高助残社工专业能力的一种行之有效的方法，开始受到政府和社会组织的欢迎。

2. 嘉定区助残社会工作发展状况

嘉定区在残障人士服务方面始终锐意创新，勇于探索，走在全市前列。为满足残疾人日益增长的精神与物质需求，嘉定区残联不断完善助残社会化运作机制。2011 年，嘉定区残联投入助残资金 542. 16 万元，以政府购买服务的方式推出“我帮你”阳光牵手行动、“阳光工坊”等 23 个助残公益服务项目，全面实施第三方评估机制，对项目实施进行绩效评估，成效显著。《残疾人事业观察》对嘉定区残联引入第三方评估及财务评估机制进行了专题报道，《解放日报》《新民晚报》《文汇报》《灵之草》和区级媒体围绕 23 个助残公益服务项目的成效进行了实地采访和多次宣传。项目受益对象还联名写信给嘉定区政府和上海市残联主要领导,感谢政府和残联组织对他们的人性关爱。嘉定区残联积极引导社会组织设置公益创投,提升自身创新能力。此外,为全面提升社会组织的执行能力和综合能力,嘉定区残联创新思路,建立了首个"嘉定区助残社会组织孵化园",促进助残社会组织的健康成长。

目前,嘉定区已形成了"党委领导,政府负责,社会协同,公众参与,社区托底,共建共享"的基层残疾人工作新机制。在残疾人就业、保障、康复、教育、帮困、文体、维权等方面取得了显著的成绩,先后被评为"全国残疾人工作先进区""全国社区残疾人工作示范区""全国残疾人社区康复示范区""全国白内障无障碍区""第二次全国残疾人抽样调查工作先进区""全国残疾人工作示范城市达标区""全国特奥工作先进区""全国残疾人体育工作先进集体"。

截至2014年,嘉定区残联采用政府购买服务的方式共3年,因承接残疾人服务的社会组织均为嘉定本土化的组织,如残疾人服务社、康复培训中心等,在残疾人身体康复、福利提供等方面较为擅长,而在社会工作专业理念指导下开展活动和项目化管理则有所欠缺。

嘉定区残联在提供残疾人服务的同时也关注到对服务机构的专业化培训,从2011年的招投标起,就包含了专业督导的项目,在3年的督导项目中,主要以大型培训为主、机构内面对面督导为辅开展活动。

迄今为止,嘉定区大规模投入招投标资金推动残疾人公益服务项目已经三年,取得了一定的成绩,但还需要更上一层楼,不仅要开花,而且要结果。在新的形势和要求下,如何更好地针对残障人士服务需求提供更加具有针对性和有效性的督导服务就显得尤为紧迫。

3. 社会工作督导的重要意义

2006年,中共十六届六中全会提出,"建设宏大的社会工作人才队伍,造就一支结构合理、素质优良的社会工作人才队伍,是构建社会主义和谐社会的迫切需要”[①]。在《国家中长期人才发展规划纲要(2010—2020年)》中,提出了“社会工作人才队伍建设目标以人才培养和岗位开发为基础,以中高级社会工作人才为重点;到2015年,社会工作人才总量达到200万人”[②],而社会工作督导作为中高级人才,是我国今后一段时间内培养和发展的重点。

当前我国社会工作督导的发展,在社会工作专业学生的实习这一部分已经有所进展,许多高校以及相关专家在专业实习督导方面有着较多探讨和研究。而在机构中,针对一线社会工作人员的具有督导实力与资质的督导人才则较为匮乏。我国机构督导人员的来源有一线社工晋升为督导、高校教师兼任督导、境外社工督导和专业外督导等四种。由于当前我国社会工作督导人才尚比较缺乏,绝大多数机构的一线社会工作者不能得到正规、有效的督导,而这又制约了社会工作服务的提升和社会工作的发展进程;因此,要提高机构服务水平,社会工作督导成为必要的环节。

二、需求分析

1. 嘉定区残联对督导的需求

嘉定区已经大规模投入招投标资金推动残疾人公益服务三年,取得了一定的成绩,通过政府购买服务的方式开展了卓有成效的残障人士服务项目。为保证社会组织有质量地开展服务,嘉定区残联在三年中特聘第三方机构作为项目督导,为承接服务的社会组织提供督导支持。经过三年的项目督导,社会组织的一线社工得到了持续的专业支持,在一定程度上提升了专业能力,但是以购买服务的方式发展了三年,当前的督导工作遇到了瓶颈,嘉定区残联为进一步完善助残工作,也对督导提出了很多要求。

(1) 承接督导项目的社会组织须专业性强、专业资源丰富,能够在本督

---

① 中共中央关于构建社会主义和谐社会若干重大问题的决定,http://www.china.com.cn/policy/zhuanti/sljlzqh/txt/2006-10/18/content_7252302.htm.

② 国家中长期人才发展规划纲要(2010—2020年),http://www.gov.cn/jrzg/2010-06/06/content_1621777.htm,2010.

导项目中投入足够的人力精力。

(2) 项目督导内容及形式的设置须更加符合社工需求、更有针对性。通过提升社工专业能力,进一步提升服务的专业性。

(3) 在前几年的督导基础上,提升社工的综合能力,拟定督导培养方案,培养一批督导助理。

2. 助残社工对督导的需求

(1) 社会组织反馈,在服务开展过程中遇到最多的是服务对象心理落差大的问题,而心理疏导需要较为专业的知识,社会组织现有社工往往无法满足服务对象此方面的需求;另外,服务对象心理落差大对项目的正常开展也会造成较大影响,因此多数助残社工希望能够在专业服务上提高技能。

(2) 资源链接与整合的需求:助残社工在为服务对象提供资源上也存在着一定的困难,如残疾人在项目开展过程中表现出就业需求,但社会组织无法整合资源满足其需求。

(3) 提高服务对象活动参与率的需求:服务对象因身体残疾情况较重无法出门、工作时间和服务时间冲突等原因导致无法参加活动,因此项目常常无法按时、按计划开展,影响评估。

(4) 改变服务对象对项目的认知的需求:访谈发现,多数项目中存在服务对象对项目认知有误的现象,如服务对象会把项目福利当作政策福利(如以为长期且全员享有补贴等),这些认知有误的情况都会造成社会组织开展项目过程中出现问题。

(5) 改善项目设置,贴合服务对象需求:由于多数项目开展服务前的需求调查不充分,导致项目开展与服务对象需求不完全契合;到项目结束后,项目如何延续也是一些社会组织比较关注的问题。

3. 助残社会组织对督导的需求

(1) 在督导内容方面,所有的社会组织都表示希望社工可以获得专业上的提升,包括实务能力和资源整合能力;学习用社会工作专业方法开展残疾人服务；在督导形式上不局限于课程教授，而是希望能够有督导手把手地教授如何运用个案、小组等方法开展服务。

(2) 社会组织在日常管理、独立运作方面缺乏经验，希望在规范化方面获得一定的督导，使机构真正成为一个民间社会服务组织。

(3) 所有的社会组织都期望获得稳定持续的督导支持：每个社会组织都希望可以固定一位督导老师，改善前三年项目督导中出现的督导老师频繁更换的情况。

(4) 项目督导的时间、频次、地点可以充分考虑社会组织的实际情况和需要，提供更有针对性的项目督导。

(5) 项目督导老师的配备能够更加全面，希望督导老师能够了解内地残疾人服务的现状和相关政策，避免督导内容过于理论化和理想化。

通过深度的需求访谈，可以发现，社会组织及助残社工提出的需要提升的地方主要有三个部分。首先，占绝大部分的是专业性的提升，这也是和项目督导的目的所相契合的。大部分社会组织提到，专职社工未经过专科或本科训练，虽然有社工师资格证，但是在应试的背景下没有真正把专业理念和知识运用到实际工作中，所承接项目的开展多是沿用以往的习惯，没有运用社会工作的理念或项目化的运作。其次，社会组织希望能够提升项目知名度，如通过让残疾人制作手工的项目，因项目知名度不高，无法将残疾人制作的手工推广出去，无法达到项目预期目的。最后，社会组织在承接项目时，主要是了解区残联的意愿，较少了解服务对象的意愿，因此在活动开展中会造成一定差异。

而在对区残联的需求调研中，可以发现残联对督导的需求也非常强烈，区残联希望能够进一步深化和专业化助残服务，希望引进督导，提高社工的助残能力及助残服务水平。

三、理论模式

督导项目的服务对象是助残社工，也就是助残社工是督导的案主，督导是助残社工的社工。在整体项目设计上，运用赋权理论视角，将每一个助残社工看作一个可以利用知识与技巧的人，他们能够自己为自己赋权，也可以为自己的行为负责任，赋权理论中的社工与案主是互惠和相互的关系。

生活在社会中的人通常都具备一定的能力和权利，但自己往往都无法察觉，而社会工作者的任务就是帮助案主发现并挖掘自己潜在的能力，从而去帮助别人也帮助自己。

四、服务设计

1. 项目目标

项目旨在通过督导方式，强化社会组织管理服务人员的社会工作理念，提高社工运用社会工作方法开展助残服务的水平。同时，帮助社会组织提高组织绩效管理的能力，进而提升助残社会组织的综合服务能力。最终确保残障人士享受多元化、个性化、专业化的服务。

(1) 嘉定助残社工的专业能力强化。

(2) 嘉定助残项目的运作规范化。

(3) 嘉定助残机构的创新化。

(4) 嘉定残联服务管理的品牌化。

2. 项目内容

“嘉定区助残孵化园建设项目”以推进嘉定残联政府购买服务创新化为核心，以嘉定残联委托服务的承接单位为载体，结合委托服务项目的实施进程，立足于强化一线社工具体服务技能：直接督导与间接督导相结合以提高项目服务水平；进行社会工作专题培训，完善助残社工专业认识，强化社工专业能力；开展助理督导培养计划，帮助助残社工更好地认识自我、挖掘自身潜能，完善对督导的认识，从督导实践中获得成长；协助进行优秀案例集的优化与编撰，帮助各助残项目提炼项目特色，树立项目品牌；举办公益服务嘉年华，向各助残社会组织、助残社工提供一个风采展示、项目成果展示的平台，促进项目的宣传与推广。

五、项目实施计划(见表 19－1)

表 19－1　项目计划表

项目阶段	项 目 开 展	目　　的	参与对象
第一阶段：前期准备（2014.10—2014.12）	项目前期调查； 领取招标文件； 撰写项目书； 参加招投标会	初步了解各个助残社会组织的问题和需求； 解读招标文件并了解其需求； 参与招投标获得项目机会	机构社工、招标方、区残联
第二阶段：关系建立阶段（2015.1—2015.2）	进行深度访谈，开展需求调研； 组建督导团队； 第一次实地督导	深入了解项目负责人的困难和需求，督导与社工初步建立关系； 根据深度访谈了解各项目的项目特色和需求，招募高校资深老师组建督导团队，形成督导团队与督导项目之间的针对性联结； 通过第一次实地督导，更深入地了解助残社工的需求，督导团队与督导项目建立关系	各项目助残社工
第三阶段：项目开展阶段（2015.3—2015.6）	直接督导； 间接督导； 案例挖掘及撰写培训	通过实地督导了解各助残项目的进展情况及困难，了解助残社工的专业能力及需要提升的地方； 帮助助残社工梳理项目内容和特色，解决在项目开展过程中所遇到的问题，为各项目服务开展提出建设性意见； 通过案例挖掘及撰写的培训，帮助各助残社工用不同的视角来寻找项目开展中遇到的个案等案例，提升案例写作水平，同时为各项目推广奠定基础	各项目助残社工
第四阶段：中期评估阶段（2015.7）	项目中期评估； 参与第三方评估说明会	总结项目前半段实施情况及项目成效，发现督导与被督导者双方对督导期待的落差； 督导老师针对落差现象寻找可能的原因，并提出对下半年督导方向及内容的修改意见； 根据中期评估结果调整下半年项目开展	专家督导、社工督导、助理督导

续 表

项目阶段	项 目 开 展	目 的	参与对象
第五阶段：项目开展阶段（2015.8—2015.11）	直接督导； 间接督导； 需求评估培训； 自我认知工作坊（助理督导培养）； 访谈技巧培训； 项目总结报告撰写培训； 督导认知工作坊（助理督导培养）； 督导技能培养工作坊（助理督导培养）； 优秀案例的收集与撰写、优化与编辑； "改变——当残疾人遇上助残社工"照片及微视频拍摄； 公益助残嘉年华	继续通过直接督导和间接督导为各项目提供专业支持； 通过助理督导培养的三次工作坊，帮助助残社工认识自己，挖掘自身潜能，寻找内心力量，进而加深对督导的认识，为成为本土督导奠定基础； 通过需求调研、访谈技巧及项目总结报告等三次培训，帮助助残社工提升进行需求调研、撰写项目总结报告的水平和能力； 通过影像的拍摄展示助残社工在参与督导之后的成长，以及助残项目的成效； 通过公益嘉年华活动为各助残社会组织、助残社工、助残项目提供一个展示的平台，向区残联、各家社会组织、服务对象和媒体展示助残社工的风采、展现助残项目的成效，拓展项目的宣传与推广	各项目助残社工、区残联、各项目服务对象、社会组织
第六阶段：终期评估阶段（2015.12）	项目终期评估	开展满意度调查、评估项目成效； 完成项目终期报告； 总结督导成效与不足，了解各专家督导、社工督导以及助理督导对本项目的看法以及通过本项目获得的成长； 根据项目终期报告总结经验，提出建议与反思	专家督导、社工督导、助理督导

六、项目实施过程

1. 项目介入准备（2014 年 10 月—2014 年 12 月）

项目前期准备阶段的主要任务包括初步的需求调研、项目书的撰写与完善、参与项目招投标会。

（1）初步需求调研：项目成立前，上海市嘉定区残联邀请春晖社工师事务所加入区残联助残孵化园建设项目。春晖社工针对嘉定区助残孵化园建设项目中的22个助残项目开展了为期一周的需求调研，初步了解了目前助残服务的开展情况、特色和困难。

(2) 项目书的撰写与完善：领取招标方的文件后，春晖社工针对招标文件，基于初步的需求调研报告，撰写项目书并进一步完善。

(3) 项目招投标会：应投标方的邀请，春晖社工师事务所的机构负责人及社工参与项目招投标会，向投标方展示项目书内容并讲解项目创新性。

2. 介入关系建立(2015年1月—2015年2月)

关系建立阶段的主要任务包括机构与区残联的关系建立、机构与各助残社会组织的关系建立、专家督导团队的建立。

(1) 机构与区残联的关系建立：嘉定区残联采用政府购买服务的方式开展助残服务已有三年，督导作为各助残服务项目的支持性服务也已经开展了三年，而春晖作为本次的督导方，要深化与创新督导模式，必须要了解以前三年的督导基础，因此春晖助残督导组在与区残联的多次联系沟通后，了解了前三年的督导成效，同时也与区残联建立了相互了解、相互信任与尊重的合作关系。

(2) 机构与各助残社会组织的关系建立：项目开展前期，春晖运用深度访谈的方式进行了第二次需求调研，进一步了解到各助残项目在开展过程中遇到的困难、各个项目的特色以及助残社工个人的需求。在这一阶段，了解到各项目和社工的需求和特色后，与督导建立匹配关系。

(3) 专家督导团队的建立：深度需求访谈与第一次实地督导之后，根据各个项目的特点邀请高校老师组成专家督导、社工督导和助理督导三者组成的督导团队，并进行项目与督导团队的匹配。

3. 项目开展阶段(2015年3月—2015年12月)

项目开展阶段的主要任务包括直接督导和间接督导、专题培训、助理督导培养计划、“改变——当残疾人遇上助残社工”照片与微视频拍摄、公益助残嘉年华。

(1) 直接督导和间接督导：督导团队通过现场观看活动、社工当月工作汇报后督导当场答疑解惑、活动记录等台账的撰写指导、邮件答疑等方式，每月为22个助残公益服务项目进行一次直接和间接的督导服务。

(2) 专题培训：春晖督导组为各助残社工开展了优秀案例撰写、需求评估、访谈技巧以及项目总结报告撰写等4次专题培训，从活动开展到案例撰写，全面提高助残社工的服务水平和能力。

(3) 助理督导培养计划：春晖督导组邀请资深老师为22个助残服务项目社工开展了三次工作坊。自我认识、挖掘自身潜能；建立与强化助残社工对督导的认识，通过实践的方式来深化对督导技巧的认识；最后通过面试来测试助残社工的能力，并选拔本年度的助理督导，建立一支属于嘉定本土的督导人才队伍。

(4) "改变——当残疾人遇上助残社工"照片与微视频拍摄：分为照片系列和微视频系列。照片主要包括"一人一故事"系列，每家社会组织为每个项目推出一张残疾人照片和一张社工照片，并呈现照片背后的故事。微视频对所有助残社会组织和项目进行采访，剪辑成品，突出展示本年度助残服务最核心的感受。

(5) 公益助残嘉年华：活动创新采用"项目产品竞演"和"大众评审会"的形式，同时融入"影像发声"的方法，向大众展示了残障人士的改变以及助残社工的风采，同时也向各社会组织展现了项目成效，拓展了项目宣传和推广渠道。

4. 项目终期评估阶段(2015年12月)

这个阶段的主要任务就是项目总结报告的撰写和项目终期评估会。

(1) 项目总结报告的撰写：督导组在对各个项目的满意度评估、成效总结等基础上撰写项目终期报告，终期报告主要突出了本次督导项目的成效、经验与不足，也为项目进一步的开展与深化提出了建议与反思。

(2) 项目终期评估会：主要通过第三方评估的方式向各个社会组织展示本次项目的成效。

5. 项目介入结果(见表19－2)

表19－2 项目活动完成情况表

活动名称	直接受益人	活动频次	活动次数	受益人次
活动一：前期准备——需求调查	助残社工	2次/年	2	44
活动二：前期准备——撰写项目书	助残社工	2次/年	2	36
活动三：前期准备——项目招投标会	助残社工	1次/年	1	18
活动四：建立关系——深度访谈	助残社工	1次/年	1	22
活动五：直接督导	助残社工	10次/年	10	300
活动六：间接督导	助残社工	10次/年	10	300
活动七：优秀案例撰写培训	助残社工	2次/年	2	50
活动八：需求评估专题培训	助残社工	1次/年	1	30
活动九：访谈技巧专题培训	助残社工	1次/年	1	30
活动十：项目总结报告撰写培训	助残社工	1次/年	1	30
活动十一：自我认识工作坊	助残社工	1次/年	1	29
活动十二：督导认识工作坊	助残社工	1次/年	1	29
活动十三：督导技能工作坊	助残社工	1次/年	1	29
活动十四:“一人一故事”照片拍摄	助残社工 残障人士	1次/年	1	51
活动十五：微视频拍摄	助残社工 残障人士	1次/年	1	29
活动十六：公益助残嘉年华	助残社工 区残联 残障人士	1次/年	1	180

七、项目成效与经验总结

1. 项目目标达成

(1) 助残社工专业能力强化：通过实地督导、专题培训与助理督导培养相结合的模式，满足社工专业成长的需求，帮助社工提高项目管理、活动开展及案例撰写等专业能力。

(2) 助残服务项目规范化：从需求调研、项目设计、理论运用、实务操作、项目宣传以及项目评估等多方面帮助各助残项目实现项目运作的规范化。

(3) 助残服务组织的创新化：关注到每个社会组织的个性化特征，从不同项目中提炼出专属于本机构的特色，"专业支持机构"发展为社会组织发展的新模式。

2. 项目成果产出

(1) 优秀案例集：收集项目中的案例、提炼并撰写，是本次督导的一项重要内容. 在每月一次的实地督导中，专家督导、社工督导都会将案例的挖掘与撰写作为主要督导内容，督导将帮助社工提炼和撰写项目中的个案、小组、社区、故事等案例，最终编辑成为《嘉定助残孵化园建设项目优秀案例集》。这种方式既可提高助残社工实践案例的操作能力，又可提升其写作能力，同时也可以作为各个助残项目的宣传材料。

(2) 本土督导的培养和选拔：培养嘉定本地区的督导也是本次督导项目的一个重点。助理督导培养计划通过 3 次多样化的、层层递进的专题培训，帮助助残社工更好地认识自己，挖掘自己的潜能，提升自己对督导的认识，以及通过实践来提升自己的能力。

3. 社会工作督导模式创新

本次督导主要采用春晖社工师事务所自主研发的"四全为本"的督导模式(见图 19－1)，主要内容包括以下几个方面。

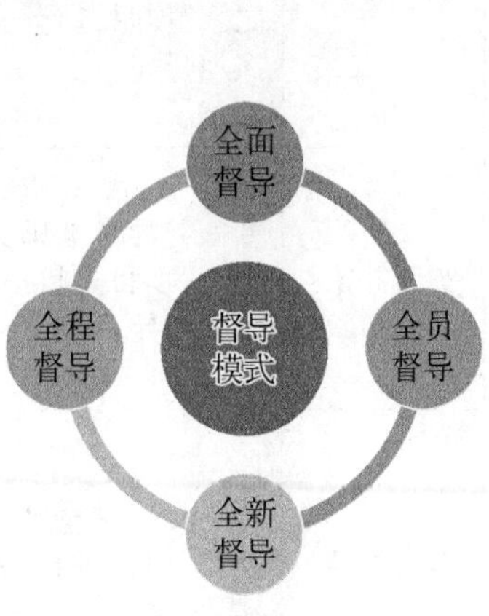

图 19－1 "四全为本"督导模式图

全程督导：从前期项目立项到中期项目执行再到后期项目，优化提炼和宣传。

全面督导：从专业增能到心理支持再到行政管理。

全员督导：从一线社工到实施项目再到

社工机构。

全新督导：结合临终关怀服务经验，尝试引入生命关怀为本的服务内容和形式。

4. 服务对象反馈(见表 19－3)

表 19－3 服务对象反馈表

服务内容	活 动 内 容	服务对象反馈
实地督导 1	社工督导蔷为“阳光相伴——残疾人照顾者服务”项目进行一对一的实地督导	服务对象：助残社工 服务对象反馈：“老师，听到你这个个案分析以后，我们觉得清晰了很多，对这个个案之后要怎么开展也有了一点方向，我觉得今天的督导对我很有帮助。”
实地督导 2	社工督导蔷为“阳光工坊”项目进行一对一的实地督导	服务对象：助残社工 服务对象反馈：“因为我们都不是专业出身，在写案例方面都不在行，不过在听了老师的培训之后，已经有点感觉了，请老师以后能多多支持我们。”
实地督导 3	专家督导王教授为“阳光送教”项目进行一对一的实地督导 专家督导王教授为“中途之家”项目进行一对一的实地督导	服务对象：助残社工 服务对象反馈：“王教授，你知道我们都是‘半路出家’，在专业上的能力有限，也只有凭着一股干劲努力地做。现在您每个月过来给我们指导，确实给了我们很大的帮助。像是这次的需求调研，还有之前的案例写作，现在也能有一点专业的意识在里面。王教授您可要一直给予我们帮助和支持啊。”
实地督导 4	专家督导李老师为“阳光食府”项目进行一对一的实地督导	服务对象：助残社工 服务对象反馈：“说实话，我们以前也没怎么做过项目，现在经过你们督导老师的督导，才在脑海里有了一点概念。下半年希望你们也能多多指导。”
实地督导 5	专家督导李老师为“同城共享”项目进行一对一的实地督导	服务对象：助残社工 服务对象反馈：“在开展个案时，总觉得我们已经把同理、鼓励等技巧全用遍了，实际根本没用，社工的专业自信受挫。但是今天听到李老师对我们的支持，让我们觉得可以换一种方式去思考。”

续 表

服务内容	活 动 内 容	服务对象反馈
实地督导 6	专家督导姜老师为项目"阳光工坊""同城共享北片"进行一对一的实地督导	服务对象：助残社工 服务对象反馈："现在我们在开展一个活动的时候就会有意识地从社工的角度去思考，在实务技巧上也有了一点儿提升，最重要的是我们现在有了活动记录的意识，督导让我们不仅在实务上有了进步，在撰写能力上也有了提升。"
案例撰写专题培训	专家督导王教授为 22 个项目的助残社工进行案例撰写培训	服务对象：助残社工 服务对象反馈："这种引导式、互动式、头脑风暴式的培训是我们从来都没有接触过的，我很喜欢这样的方式。知识的积累不是灌输的，最终还是要依靠自己。所以王教授引导我们自己去思考、学习，让我们能够更为深刻地记住培训内容，对我来说很有效果，也很有意思。"

5. 受益人的专业提升

(1) 直接受益人及助残社工获得的提升

① 项目完成质量的提升：督导在项目设计、需求调研、项目实施管理、活动设计与实施、个案小组等专业方法的运用等实务操作方面给予了全方位的指导，提升了项目的完成质量。

② 树立了项目品牌：本次 22 个项目较为多样化。在方法上，有艺术治疗、工艺疗法、园艺疗法等；在服务对象上，有"渐冻人"、盲人、聋哑人、"精残"等，督导一一为不同项目提炼项目特色，树立项目品牌。

③ 助残社工专业能力提升：本次督导项目以 22 个助残项目为依托来帮助社工提升专业能力，通过一对一实地督导、专题培训以及助理督导培养工作坊等多种督导方式，全面提高了社工的项目实施与管理、个案分析与开展、案例撰写、需求调研、访谈等能力。

(2) 间接受益人即嘉定区残联获得的提升

督导组运用"GIS"社会工作地图法为嘉定区划分服务地图，使得嘉定区的助残社会组织更加网格化、区域化和专业化，并且为22家助残社会组织划分层次，建立被照顾者与照顾者两个系统，将家政上门服务、居家照顾服务、志愿者组成一个完整的照顾系统，划分后的助残服务更加系统化，也更加高效，使得嘉定区的残障人士获得照顾更加便利。同时，春晖督导组也帮助嘉定区残联打造了一支更具专业性的助残服务团队。

八、反思与建议

嘉定区助残孵化园建设项目实施半年来受到了嘉定区残联以及22家助残社会组织的支持与欢迎，项目的开展有效促进了对社会工作督导模式的探索，项目运作半年来在经验积累和问题发现等方面也获得了不少启发。

1. 经验积累

（1）理念创新

本项目引入全面、全员、全程、全新的“四全”督导模式，注重从一线社工到社工机构、从立项到结项、从专业增能到心理支持到机构管理的全面提升，并引入生命关怀理念，创新社会工作督导模式，从上至下满足了残联需求、机构需求、项目需求以及社工需求。

（2）内容创新

督导引入生命关怀理念，引导助残社工从全人的角度去关怀残障人士的需求，既让助残社工感受到督导的支持，也引导助残社工给予残障人士充分的尊重。

（3）方法创新

本次督导结合直接督导、间接督导、专题培训、工作坊、微视频、成果竞演以及大众评审等多样化创新的方式对助残社工进行督导和培养，使得助残社工不仅从专家督导的一对一指导中获得成长，也从直接的体验中强化对社工的认识。

2. 问题发现

经过半年的实地督导，我们发现督导方与被督导方在督导期待方面存在着一些差异。

(1) 双方对督导角色的认知差异：例如被督导方认为督导和评估是同样的作用，是去监督他们完成项目的，而督导方认为督导和被督导者是合作完成项目的关系，最终是为了共同获得良好的评估结果。

(2) 督导的界限：本项目中，督导的目标是协助助残社工更好地完成项目，基于项目提升助残社工的能力，而被督导方会以个体名义要求督导为其机构和个人做专业能力的培训。

(3) 督导的内容和形式：在督导的过程中发现，多数助残社工非科班出身，他们的专业能力相对较低，有的社会组织认为直接向他们提供一个活动方案、告诉他们如何做是他们所需要的督导内容，而督导认为希望能启发社工对自身专业成长的思考。

这些期待差异是由多方面原因造成的，如社工专业教育的不足、社工自身的专业成长追求不清晰、行政命令的挤压等；当然我们也发现，同一家社会组织，由不同的督导老师跟进也会产生不一样的督导效果。另外，前期项目活动主要以实地督导为主，形式相对比较单一，这也可能是造成社工参与督导积极性下降的原因之一。

项目名称：阳光评估

承接机构：上海科嘉社会工作评估事务所

“阳光评估”项目

——助残社会化模式下社会工作评估

一、案例背景

近年来，嘉定区先后制定和出台了一系列推动政社合作互动和扶持社会组织发展的宏观政策和配套措施，极大地促进了嘉定区公益性社会组织及公共服务项目数量的增加和质量的提升。

2010年，嘉定区残联转变观念，创新思路，在全市率先推出助残项目社会化模式，引入第三方评估机制，客观真实地评价助残公益服务项目运作情况，检验政府购买助残公益服务项目效果，保障政府购买助残公益服务项目顺利开展，推动助残公益服务项目深入开展专业服务。

2013年伊始，上海科嘉社会工作评估事务所（以下简称“科嘉”）受嘉定区残联委托开发了《嘉定区助残公益服务项目评估指标体系》，对23个助残公益服务项目分别开展中期过程评估和末期绩效评估。至今，科嘉已连续三年受残联委托开展“阳光评估”项目，双方共同携手探索助残社会化模式下的助残公益服务项目和专业社会工作发展。

2015年,在以往评估的基础上,"阳光评估"项目更加注重对助残公益服务项目的过程评估和现场指导,协助项目承接方完善实施方案,改进工作方法,确保助残公益服务项目的实施效果和可持续发展。

二、需求分析

经过与助残社会组织三年的合作互动,通过对助残公益服务项目的综合评估,可以发现,嘉定区助残社会组织总体处于培育发展期,各机构的社会服务意识逐年增强,组织能力及团队建设日趋完善。但在专业知识技巧、项目管理能力等方面的发展参差不齐,仍有很大进步空间。鉴于此种现状,我们认为目前嘉定区助残社会组织的需求可概括为如下几方面。

1. 助残社工人员专业服务能力有待提高

传统助残社会服务体系已经难以满足残疾人对社会服务的需求。在新时期,残疾人对于社会服务的需求不断增加,既包括对社会服务和社会福利总体量上的需求,也包括对个性化和专业化助残社会服务的需求。因此,助残公益服务项目的需求调研、方案规划、服务设计、实施管理等方面考验着项目人员的专业素养,凸显了对助残社工人员加强日常指导的需求。

2. 助残社会组织整合资源能力有待增强

整合的资源的范围包括区域内和区域外,资源的形式涵盖人、财、物。首先,包括机构内志愿者资源,许多项目的志愿者制度不够规范、志愿者能力没有充分调动起来,在项目运作过程中没有发挥积极的协助者的角色;另外是区域内志愿者项目的资源,很多人没有意识到可进行资源共享。其次,多平台、跨领域诸如政社企的合作,调动社会资源加入社会公益服务事业,既能打开工作局面,拓宽工作者的视野,又能增加项目的社会影响力。

三、理论模式

增能理论强调,增能是个人在与他人和环境的积极互动过程中,获得更大的对生活空间的掌控能力和自信心,以及促进环境资源和机会的运用,以进一步帮助个人获得更多能力的过程。在增能视角下，工作人员与服务对象构建协同的伙伴关系，重视服务对象的能力而非缺陷。

将过程指导视为和项目评估并重的环节，开展针对性的、个别化的服务，面向助残组织的社工进行需求调研、培训，分析和督导运作过程中遇到的困惑和问题，并及时给出意见和建议。因此我们作为评估机构，在关注评估结果的同时，还关注了社会组织专业化和社会工作者能力是否有提升，以及其服务对象是否真正发生改变。

四、服务目标

1. 总目标

2015年“阳光评估”项目旨在促进助残社会组织能力建设，进一步提升嘉定区助残公益服务项目的社会服务质量，增强社会服务效果，促进嘉定区助残社会组织运作和管理公益服务项目朝向更加规范化、专业化和社会化方向发展。

2. 具体目标

（1）修订完善《嘉定区助残公益服务项目评估指标体系》，使评估指标更加具有操作性、专业性。

（2）更加注重过程评估和现场指导，协助项目承接方调整工作方案和改进工作方法，确保项目的实施效果和可持续发展。

（3）开展嘉定区助残公益服务项目中期评估工作。监督、记录和评价项目在半年时间内各个目标实现程度，发掘计划在实施及执行的过程中所产生的问题，为改善服务方式和提升服务质量提供参考依据。

（4）开展嘉定区助残公益服务项目终期评估工作。整体检视和评价项目实施取得的成绩和产生的效果。

五、服务计划

1. 开展项目中期评估

科嘉于2015年7月起对23个公益项目开展中期评估，但并不开展现场评估,由项目承接方在科嘉发出评估通知的15天内,参照《嘉定区助残公益服务项目评估指标体系》进行自我评估,并将评估结果报嘉定区残联和科嘉。科嘉在中期评估之前,参加3次项目承接方的活动,并在活动现场开展满意度测评,将满意度测评结果作为中期项目评估结果的参考指标。

2. 进行满意度测评

根据统计学的原理,科嘉社会工作评估事务所设计了《服务对象满意度测评表》,内容包括以下几个方面:宣布方式,活动时间、频率、形式和内容,以及对项目的成效的总体评估。并给每个指标赋予区间值,充分尊重服务对象的知情权,以发现和检验上半年项目运作的基本情况和实际成效。

3. 开展终期评估

(1) 完善评估工具:中期评估对评估工具的使用状况进行分析,调整完善评估工具。

(2) 制订终期评估方案:与项目方及残联取得联系,沟通终期评估各项事宜,并最终确定具实际操作性的终期评估方案。

(3) 实地指导:上半年、下半年评估专家对每个项目至少进行3次实地指导,给出专业化建议。

(4) 终期评估:对残联23个中标项目开展公平、专业的评估工作,整体检视和评价项目实施取得的成绩和产生的效果,更进一步提升嘉定区助残公益服务项目社会服务质量,增强社会服务效果。

六、服务内容

科嘉协助残联和社会组织对所提供助残公益服务项目的目标、执行方案进行全面、系统的考量和评价。通过多方位的评估方式,对照评估指标重点评估服务的实时和动态绩效,包括助残社会组织内部管理绩效,并对服务对象参与率和满意度等进行"全方位体检"。

1. 修改《嘉定区助残公益服务项目评估指标体系》(以下简称"指标体系")

2015年上半年,科嘉完成了新版指标体系的修订工作。指标体系自

2013年推出以来，虽已经过两次修订，但为了适应变化着的社会服务模式和成长中的嘉定区社会组织，通过标准的完善，引领其逐渐朝着更加规范化、专业化的方向发展，因此我们再次做了调整，使其在实践过程中成为社会组织规范及提升自我的工具，成为科嘉服务嘉定区社会组织的一个重要手段。

2. 全年不间断的过程指导

科嘉4位评估员每人负责5—6个项目指导安排，上、下半年每个项目参加活动的次数各不少于3次。在此过程中，了解和掌握各项目进展情况，分析和督导运作过程中遇到的困惑和问题，特别是针对项目运行过程中出现的专业性问题、项目管理问题等，及时做出意见反馈，给予专业指导。通过过程指导这一服务方式，帮助项目方修正自己的服务内容，在工作细节和意识理念上做出示范和引导，真正发挥技术优势和指导意义。

3. 服务对象满意度测评及问卷访谈

上半年，科嘉安排评估员进行过程指导之余，还在每次活动现场随机抽取若干服务对象做满意度测评，每次测评的比例为：50人以内的全部做测评；50—200人，抽取50%做测评；200人以上，抽取20%做测评。并将满意度测评结果作为中期项目评估结果的参考指标。

下半年，科嘉评估员对每个项目进行了一次随机问卷抽查，以此形式及时地了解服务对象对服务安排、社工人员及机构各方面的服务满意度、服务成效、建议等，并与机构及时做出沟通，调整服务进程。

4. 中期评估——着重问题回馈

根据嘉定区残联的提议，改变评估模式，因此中期评估并没有进行现场评估。中期评估结果由三部分构成：一是三次满意度测评结果(平均满意度×100×30%，占评估指标满分100分的30%)；二是项目运行过程评价结果(占评估指标满分100分的54%)；三是项目财务评价结果(占评估指标满分100分的16%)。此次中期评估，所有项目的附加分不计入，均在年终评价。

过程中采用了与项目方互动、现场跟踪、问卷调查、电话随机抽访等方法，从不同侧面反映项目的运作情况和成效。制作了《2015年嘉定区残联助残公益服务项目上半年评估结果汇总表》,其中包含了所有项目的成功之处与不足之处,这是助残组织在下半年重点整改的依据,是终期评估的重要衡量指标之一。

5. 终期评估——检验服务成效

12 月下旬的终期评估,科嘉整合全市优势资源,将具备理论及实务知识和技巧的社工领域专家组成评估团队去往机构开展现场评估。对政府购买助残公益服务项目的合同履行、服务目标达成度、受益群体满意度、社会效益及中期问题整改落实的情况等方面进行专业性评审,提出第三方评估意见。

(1) 听取汇报:项目实施方以 PPT 或者文档形式介绍项目进展情况,并针对报告内容提问咨询。

(2) 查阅台账:重点检查项目实施方的投标方案、各种工作记录、项目进程表、制度文本、调研报告、自评报告等。

(3) 多维面谈:主要与服务对象、项目相关利益者、社工及机构负责人进行单独面谈和电话访谈。

(4) 实地观察:主要是对机构和项目站点的现场工作场景进行实际查看。

实地评估结束后,科嘉出具评估报告,包括评估发现、评估建议等重要评审结果。

七、目标达成情况

1.《嘉定区助残公益服务项目评估指标体系》已投入使用,成为嘉定区残联、嘉定区助残社会组织规范机构运转、强化社工能力提升的有效参照标准。

2. 过程指导受到项目方欢迎。许多社会组织往往在服务开展过程中忽略专业性的体现,有了科嘉评估员在其全年的服务开展时提出针对性意见、答疑解惑,及时解决了许多问题,机构、社工及残疾人群体都可受益。

3. 评估结果真实反映问题所在。科嘉通过组织拥有丰富评估经验的评估团队有序地开展评估,直接、客观、准确地指出各项目在实施成效、台账材料等方面的优点与不足之处,助力社会组织进步发展。

八、社工感悟

社会工作是社会工作者运用人类潜能与社会资源，协助人们认清困难和难题，从而寻找解决途径及社会环境改变的活动。看到那么多原本来自各行业的人成为社工投入到这个伟大、给予人重生机会的职业中，感到无比高兴！能为这些社工及其机构提供力所能及的帮助，为本地区的公益事业奉献一点微薄之力感到无比荣幸和充满动力！

九、机构荐语

上海科嘉社会工作评估事务所以“专业服务、实践智慧、追求卓越、助力发展”为宗旨，依托高校专业优势、先进理念和较强的项目开发与督导团队，结合嘉定区社会组织发展规划，坚持以社会需求为导向，开展公益组织咨询、公益服务项目的策划、督导、研究与评估、社会工作培训等为内容的服务。期待同所有社会组织一起成长进步！

十、附件

附件 20－1　徐金凤总干事为助残组织开展培训

08 人物·社工 2015年4月28日 嘉定报 月末版

孙鸿平：你所不了解的社工

人物档案

定义：职业助人者

心法：助人自助，促"境"美好

附件 20－2　孙鸿平副理事长接受《嘉定报》专访

附件 20－3　付晓萍、陆飞杰理事等正在查阅评估台账资料

参 考 文 献

［1］ 谭祖雪，张江龙. 赋权与增能：推进城市社区参与的重要路径——以成都市社区建设为例[J]. 西南民族大学学报（人文社会科学版），2014(6).

［2］ 范斌. 弱势群体的增权及其模式选择[J]. 学术研究，2004(12).

［3］【英】马尔科姆·派恩. 现代社会工作理论[M]. 冯亚丽，叶鹏飞，译. 北京：中国人民大学出版社，2008.

［4］ 裴军鹏. 优势模式在残疾人社会工作中的运用及实践反思[J]. 黑河学刊，2012(8).

［5］ 周沛，曲绍旭，张春娟，等. 残疾人社会工作[M]. 北京：社会科学文献出版社，2012.

［6］ 范明林. 社会工作理论与实务[M]. 上海：上海人民出版社，2007.

［7］ 马洪路. 残障社会工作[M]. 北京：高等教育出版社，2007.

［8］ Juliet C. Rothman. 残疾人社会工作[M]. 曾守锤，张坤，等译. 上海：华东理工大学出版社，2008.

[9] 徐凤建. 脊髓损伤者中途之家康复指导手册[M]. 上海：上海科学技术出版社，2010.

[10] Albert Bandura. 自我效能：控制的实施[M]. 缪小春，等译. 上海：华东师范大学出版社，2003.

[11] 金双秋. 以社会学的"社会支持"理论构建弱势群体的社区支援综合网络[J]. 长沙民政职业技术学院学报，2001，2(2).

[12] 何雪松. 社会工作理论[M]. 上海：格致出版社，上海人民出版社，2007.

[13] 王瑞鸿. 社会工作项目精选[M]. 上海：华东理工大学出版社，2010.

内容提要

残障人群服务是人类文明的标志，残障人士的权利保障早已被列入联合国相关公约。对于残障人士的保障，我国在政策以及服务等领域探索很多。上海市嘉定区是全国为数不多的助残服务社会化的试点区，在助残社会工作理论和实践方面积累了丰富的经验，在全国引起了高度关注。本书主要结合我国助残服务的现状，从嘉定区残联助残服务社会化的本土探索出发，一方面遴选经典案例，另一方面提炼出了具有本土特色的助残社会工作理论模式。本书理论联系实际，适合高校社会工作教师以及社会工作机构从业人员阅读，同时，适合党政以及相关单位人员阅读。